Chinese Poetry

2017 · 3

2017 / 3

第三十九期

雀尕飞

执行主编 张执浩

Chinese 汉诗 Poetry

长江出版传媒　长江文艺出版社

编委会

（以姓氏笔画为序）

王光明 邓一光 叶延滨

吕 兵 吴思敬 商 震

汉 诗

主　编　邓一光

执行主编　张执浩

编　辑　小　引

　　　　　艾　先

　　　　　林东林

编　务　万启静

艺术总监　川　上

美术设计　杜　娟

封面设计　祁泽娟

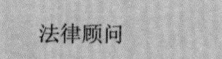

法律顾问

金　岩（湖北今天律师事务所）

编者的话

  诗歌的傲慢在很大程度上源于诗人对读者的不信任感,写作者往往低估了读者对语言的领悟力。一首失败的诗歌,总是对自己诚意十足,而对他人缺乏应有的尊重。这样的诗总爱以"填鸭式"的情感植入方式,将读者的阅读期待彻底打翻在地。写作者在这样的诗歌中扮演了令人憎恶的角色:他试图指导读者的情感生活,并喋喋不休地将自己的情感生活强加于人。而一首成功的诗歌,却正好相反:写作者懂得怎样让读者与他一起去创造一个全新的情感世界,这个世界不仅令读者惊讶,而且也是诗人自身始料不及的。

  时下公众对诗歌的拒斥,撇开诗歌教养缺失之外,在大多情形下都是由诗写者自身造成的,因为很多诗人从来没有把读者放在眼里,却又渴望读者的认可。没有诚意的写作首先体现在,不给读者思想的空间,总是一副盛气凌人的模样。语言的亲和力必须由我们言说的口吻来传导,而只有真诚的口吻才能召唤出真诚的情感,只有真诚的情感才能召唤真诚的读者。从这个意义上来讲,反对虚情假意,现在是,今后仍然是诗歌写作的第一要务。

目录
CONTENTS
Chinese Poetry

雀尕飞

2017・3
总第三十九期

开卷诗人
Open Page

- 005
- 006　方闲海　作品
- 022　杨碧薇　作品

诗选本
Selection

- 039
- 040　夏宏　盛兴　严彬　马累　张远伦
- 069　衣米妮子　黄海兮　圻子　莲叶
- 089　李瑞　张翔武　成向阳　颜英
- 105　孙启放　杨角　苏唐果　张眼
- 123　吴冕　刘郎　伍小影　杏黄天
- 142　张凤霞　胖荣　灰狗　于小斜
- 157　涂拥　张牧宇　魏荣冰　白左
- 177　程琳　陈朴　胡晓光　庞培

诗歌地理
Poets Geography

- 201
- 202　谷禾　作品选
- 224　荣光启　关怀、境界与限制：读谷禾诗歌所感
- 236　树才　作品选
- 256　牛遁之　树才，一棵现代禅意的老树

外国诗坛
Foreign Poet

- 263
- 265　杨子　查尔斯·西密克诗选

275	**访谈** Interview
276	刘益善 答《汉诗》问
280	刘益善诗选
	行走 知音故里
293	Whereabouts: Bosom friend home
300	荣光启 第三种爱
302	于 坚 蔡甸一日
303	杨 黎 诗七首
306	何小竹 诗一首
307	束晓静 诗四首
309	小 引 诗六首
311	川 上 诗三首
313	魏天真 诗三首
315	李婵娟 诗一首
316	林东林 诗二首
317	蔡 永 诗五首
319	龙剑平 诗四首
320	匡 芳 诗一首
321	谭卫华 诗一首
324	黄一叶 诗三首
325	余少芹 诗一首
326	万利娟 诗五首
328	张执浩 诗一首
	敬文东 **专栏**
329	JING WENDONG's Column
330	颓废时空形式

汉诗
Chinese Poetry

开卷 Open Page

诗人

方闲海 作品
杨碧薇 作品

方闲海

作品

推荐语

　　方闲海的写作体现我们这个时代亟需的勇于"冒犯"的品质，不惟是对他者，也是对自我。他的诗自始至终都以一种警醒的方式出场，透露出阴郁、奇崛、躁动不安的气质。阅读方闲海的作品，有时需要那么一点勇气，因为他从来不在意读者的感受，他要做的只是，摈弃各种伪饰，让自我与诗歌共存亡。

（张执浩）

　　我倾向于认为，在诗歌中，越是口语化的表述，越是需要具备对语言自觉的约束。而方闲海，正是这样一位优秀的诗人。在穿越文体和趣味之外，所有好的诗歌都有共同的品质，真切、热情、勇敢、直接，包括它们的反义词。而方闲海的好，是偏居一隅、独自欢乐的好。读他的诗，让我觉得他并不在乎此刻的好与坏，而是自成篇章，无所顾忌地追求，这是一个诗人孤绝的勇气和力量，并不是所有人都能抵达的。

　　方闲海说："重新坐回黑暗的感觉真好"，似乎在说我们曾经看见过光明。真是这样吗？或者换个理解方式，我觉得他其实是在说，我们原来看见的诗，其实不一定是诗，我"爱"你中，永远隔着爱的距离，真正的诗，永远在黑暗中静静等着我们去发现。

（小引）

　　方闲海是一个"洋气"的诗人。所谓的"洋气"，在我的理解里就是现代性。生长在一个大量信息拥堵，万里旅程一天往返，人人焦虑疲乏的时代，诗人何为？不必要生活在过去虚妄的记忆里，不必要虚构一个不存在的桃源，不必要在互联网时代假装自己活在古代，就在城市的钢筋丛林里，一样可以发现诗性。就像方闲海一样，用他饱含力量的文字，写着现代的诗歌。我们需要更多这样的写作者，需要更多这样的文字，来匹配我们正置身的这个时代。

（艾先）

苍 山

苍山蓄满了力量
催促劳作的人在黄昏后滚下山腰
鞭打每一棵树
入冬前必须从每一根枝条落下叶子

清晨醒来
我看见它越来越清晰的面容
菩萨保佑穷人
让昨天的狂风也终于闭上了大嘴

真正的一首诗

想起前几天喝多
第二天像一条死鱼
在梦里下沉了一天
隔了一天
又喝多了
但没有跟人争吵
直接浮出了海面
有时
没有波折
世界还是安静一点
就那么一点
更动人
推开防盗铁门
院子的爬山虎
又抖落了一地红叶
站在我眼前的山
已经很久没邀请我
该出去爬爬了
不想爬向自由
只是让自己的膝关节

真正地吱吱吱
响起来
在每一行诗之间
像词碎裂
像老鼠钻洞
为得到真正的一首诗
我不得不成为精神病人
至少变成酒鬼
至少这样站起来

如此众多

说不清楚是什么
也许是前世杂念
野蜜蜂嗡嗡嗡
屎壳郎沿一条直线推着粪球
感恩桥北
103公交车站孤零零
胖女人抬起了腿
屋顶寂静
这里是坟场
这里一定存在活着的仪式
阴影对称
我慢慢地移动
宋城的小贩也慢慢地移动
挑着
擦洗干净的水果
苹果樱桃香蕉和梨

睡在圣诞节

拉开窗帘
鸽子还没飞来

我想起昨天
昨天有十一只鸽子飞着啊
我倒数了三遍
但昨天有阳光
也有一千道阴影
又把窗帘拉上了
窗帘是伟大的发明
重新坐回黑暗的感觉真好

好吧
这个月钱也花得差不多了
你也有小忧伤
继续睡吧

2016年生日诗

在这一天
你被别人生下来

活着

在另一天
你又生下别人

活着
但
再也
没法说满意了

别人就是别人
又在通往一条回去的
老路上

今夜在市中心
你拦下第七辆出租车

坐在后座
穿过一团团黑雾
又穿过一个
明亮如天国的隧道
彻底忘记了
解放路
漂亮女人
一个滚烫的屁股

听见山谷里
死狗在狂叫
诗的灵感一声声
撞击着夜空

值得错过最美的风景
她在
遥远的长安
说下雪了

这是一年中的一天
这是一辈子的一天

一天足够了吧
用来感恩

你的眼睛
是否还闪着一点点星光
那是出生时的灰烬

当你发信息过来的时候

我坐在
绿色出租车
昏暗的后座

一张一张
数着钱

数着
一叠
借来的钱

也有一种你没尝过的滋味

1加1

1加1等于2啊
等于2
我掰手指
1加1等于2啊
来日方长

等于
我和你
重聚
吻了一下
又各自走散

2在哪里
1走了
1走了

喝酒回来

树枝在颤抖
看来它们懂了
我继续对着它们说话
并系上裤扣

这时
微风拂过我的脸颊
又一阵微风
拂过我的脸颊

小植物

凌晨醒过一次
屋内的黑
像菌菇正从地上冒出来
第二次醒来是在清晨
窗户漏光了
汗珠在我脑额滋滋滋地冒
像一部恐怖小说的结尾
房间还没有摇晃起来
我想翻个身
但我的小弟弟被你的手牢牢攥着
我能清晰地感觉到你的五根手指
就是清晨呼吸的五株小植物
让一处山景蓬勃

回　家

钥匙一转
旅游的日子就被关在了门外
回到家的感觉
连灰尘都爱
一根出门前掉下的
卷曲的黑色阴毛
还粘在
白色马桶的边沿上

野 猫

可惜它不吃蔬菜
否则我
肯定在今晚煮一锅
给它吃
它永远
瞪着我
跟我保持
四十公分的距离
不让我摸着
它在黑夜见过大世面
凭这感觉
我一直认为这只野猫
能跟我聊点诗

关于好诗

好诗就是
蜻蜓点水
蜻蜓展翅着诗意
去点
语言之水
当然
一只孟加拉虎
张开血口
咬人
咬恶人
不一定非得说
这不是好诗
好诗还包括
所有的房子
和山川一起崩塌
所有的人心毁灭
所有的希望

带着扭曲的痕迹
消失在道路尽头
只留下你自己
最自私地写最后一行

肛 检

上午在人民医院
外科体检时
遇上一个年轻的女医生
她叫我朝里
把裤子褪下
露出屁股
趴下
她用一根油腻的手指
插进了我的肛门
先是转了两圈
又往里
再转两圈
转得我很想拉屎
我忍我知道
这里面
有人类的学问
她稍停
又往里
转了三四圈
我正猜是否还有一圈
然后她
冷静地
把她的手指
拔了出来

像写一首好诗
就这么突然地冷静地结束

词

这仅仅是一个词,不是"爱"
当词从我们之间剥落
失去一切语言,沉默
也并非像"爱"脱胶
使我们分离
我们活在虚幻的语言世界里
没有"爱"在里面
为错乱的词争吵,狂风暴雨
从未因为"爱"而变得心静如水
我们没有彼此"爱"过
我和你都是一个词,在我"爱"你中
永远隔着一个"爱"的距离

爱的研究

当野生的人
越来越少
价格
越来越高

人
开始
养殖人

吃人更为普遍

作为一种饲料
爱
因此

越来
越泛滥

也变得
廉价

常常
当我呕吐
试图
垂怜
自己从酒吧
拖回家来的那一条影子

我就会在黑夜里
看清一点点
历史

跟文学
无关的历史

祝生日快乐

我找出2013年留在诗稿上
最快乐
最像你的两句
今晚送给你

"月光下的野草
死抓着泥土不放在风中癫狂"

在青春期的某个下午

记得我在青春期的某个下午
有点苦闷
坐在老家的海边
写点东西

我才发现
身边坐了一位高手

大海
用波涛分行
教我写诗

不知道说得对不对

她在网上
天天晒男友
像我小时候
见的
渔村妇女
在码头
晒鱿鱼干
太阳越大
翻过来
翻过去的频率
就越快
顺带拍打
绿头母苍蝇

蜥蜴来过

坐在一个房间里
几十个陌生的人昏昏沉沉
手握一本书
研究自己的坟墓

思想已经传染
雨已经停
风平静了
当有人再一次问起的时候

我已经学会指路
去十字路口
等吧
像一只蜥蜴
耐心一点

同学会

经过多年的社会操练
回到了母校第一场同学会

女人们和男人们
举起酒杯
百感交集

台词是现场背诵的
"还是老同学最好！"

是吗
我躲开了

年轻时都没能玩在一道
难道还能指望
现在
聊到一起去

那个抱头痛哭在酒桌上的人
真该重新把他塞回校园的公厕里去

一亿个童年

在童年
没有伟大的事业

也没有性爱
生殖器

用来浇花

一只蚂蚁
向黄昏爬去

一片风景

面对同一片风景
有人肃穆冷酷
有人整理思想
有人完成自杀
有人忙着拍照
有人流下热泪
我也来到这里
赶上最后一缕阳光刺向马群
乌云流水般往黄昏朝圣
指引我到此一游的神灵
在一个路边倾斜的广告牌上提醒了我
这一片风景
看完之后
请你保密

既是悲剧也是笑话

当两只鸽子飞在天空
突然掉下
来不及留下
关于自由的遗嘱
当太阳每一天自杀
带着光芒的宣言

陷落山谷
第二天在大海上重生

我们看不到任何一丝真相
于是歌唱

段子与诗

把段子
写成一首诗

或把诗
写成一个段子

其中的难度
我懂

对于诗人来说
就是
从一架爬向天堂的梯子

纵身一跃

跳到
另一架
爬向屋顶的梯子

YANG BIWEI

杨碧薇

作品

推荐语

把握语言的节奏,把握现当代汉语的韵律感,是当下诗歌写作的一个难题。在越来越松散的语境下,我们如何让叙述变得起伏动人,不仅仅是语调、语气的问题,也牵涉到我们如何更深刻地看待诗到底是什么的问题。我在杨碧薇的诗歌中看到了她的想法和实践。这或许跟她早年弹琴唱歌有关,也或许跟她出自云南昭通有关,在她的大多数诗篇中,我感受到的并不是学院附加的匠心和规矩,而是天生来自山野的跳动和呼吸。

这种山野之地的蛮力和洒脱,与青春和叛逆相关,但可贵的是,杨碧薇没有停步于此,梦幻、日常、思辨、宗教和亲情,都是被她承认且接受的。不为别的,只因为"灰色的天空若隐若现一抹微蓝"。

(小引)

如果我不能说出那最深最隐秘的,那我们就来谈谈它们外面的吧。用密集的词语,急促的语调,让你隐约察觉我在重音下躲藏的轻——这是我读杨碧薇的感受。她的诗里有种不可捉摸的东西在闪避,哪怕是用独白式的叙述方式,也有一种隐藏的情绪在流动。也许这就是她的诗歌让人有探究下去的冲动的原因。

(艾先)

杨碧薇是近几年来诗坛上惹人注目的一位年轻诗人,因此在阅读她的作品时我们不免带着挑剔的眼光。才华在她那里从来不是问题,真正的问题是,她将如何约束那些焰火一般不断闪现的才华之光。我喜欢她作品中泛滥肆虐的抒情性一面,同时又暗自担心她会被这种抒情性裹挟。野蛮生长的力量固然可喜,但更值得期待的是,蓬勃过后的茁壮。

(张执浩)

急

我们总是那样急
越临近相见,越没有耐心学会安慰
渐渐加快的呼吸
终于相拥在一起,来不及拂去彼此脸上的尘烟
就粘贴、吸吮、镶嵌
像骑在快马上的两个盲人,一头扎进对方
挂满露珠的蜜桃地

那么急那么急
急得时间颤栗。急得阳光骤然一凛
旋即加倍猛烈
急得春天拼命缩短,丝袜到鞋尖的路程又太长
急得我们忘了在幸福中
哪一部分才是自己的

那么多那么多急
却是为了堆出今天缓慢的,缓慢的
回忆
雨过后,我还能精确地嗅到
每一次起承转合里
你缠绕在我翅膀上的味道

为了这般孤独时
灰色的天空若隐若现一抹微蓝

那一天的光

那一天,昆明庭院里慵懒的午后光
被风载起来,拨着十一月的心事
东一搭,西一搭,草莓汁在半空中喷发
那一天,我在滇藏线上
哀牢山深处,林间一剪一剪的
光带,向陌生的行人提供胸襟

那一天,光像薄薄的纸片
紧贴和顺古城的桥栏,等待有心人
进行华丽的开发
那一天,吉他声起起伏伏
流光在昭通城的夜色里明暗
我离开你,独自逆风而行
那一天,整个云南的光都是好的
把生命中幽暗的角落也辉映成
小麦肤色
那后来,我还是在聚散离合中握紧手电筒
再没见过
那么好的光

我爱飞机,我爱船

我爱飞机,我爱船
我爱镶在远方帽檐上的,每一粒水钻
我爱你故乡的木瓜树
生气时皱起来的粗眉毛
爱亚马逊部落永不重复的纹面
还爱暮晚的手鼓声
它们用贫寒的节日送走又一个白天

我爱手枪黑色的皮衣
更爱它体内含着泪水永久罢工的子弹
爱那位总在烧烤摊记账喝酒的吉他手
更准确地说,是爱他那双对琴弦满怀情意的手
现在,我开始爱不可调和的侧面
爱参差不齐的痛苦
爱我们身上消失的往者、合法的情人、潜在的叛徒
我热爱这一切,不只是为了活下去
我知道,真正的幸福极其缺乏深度
它扁平的通道,会取消我复杂的迟疑
我的热爱,要确保与幸福
所褒奖的一切对立

我爱飞机,我爱船
我爱每一段行程,不可到达的彼岸
我爱它们给我的欲念,给我的炫目和高傲里
深埋的冷清
我爱的这些,都没有价钱
和这首诗一样,对这尘世而言
也无关紧要

桃花潭平安夜

焰火升高。点亮暮色的鲁冰花
在光的制高点,俯视
生态餐厅里的我。我抹在碎片上的记忆,
被从天而降的迷离拉着,
还在往下沉。

你那边有热闹么。我已离你太远,
没有约定过重逢。我也不再
去追问意义,不再有冲动想去把
经历的残缺修补一遍。
我们带着错误上路,还将
接纳更多的浮尘,在路的尽头,这一切,
来不及清理。但局部的平安
仍令我感动。这些年的平安夜:
北京、西安、海口、昆明……
继续往前探,在一个叫百标那楼的村庄里,
人们仰头齐唱赞美诗,盼望充满圣殿。
满天星辰,把翻新的世界,
温柔地抚摸一遍。

我曾在那里获得安慰。
多年后,我也会记得今夜,
在桃花潭,风小跑过湖水,
半个夜空花团锦簇。

这般盛大时刻，我走进宁静深处，
想起了你。

南瓜马车

雪片如刀。我要驾着南瓜马车使劲儿赶路呀！
轮子，用发烫的声音，碾过银色的晶体；
冥王星飞来的骏马，与金黄的火球齐速滚动。
这场风暴狂热又清凉，整个大地，
漾满我们的欢笑。

我要赶在魔咒消失之前，嘟起嘴唇，
"啪嗒！"一声，
给动弹不得的时间，盖上鲜美的口红印。
我要解救所有困在碉楼里的公主，
让小矮人都饮下生长水，与他们的梦中情人
舒适地亲吻。
我要让森林里不缺蘑菇和野果，迷途者久旱逢甘霖。
我要让骑兵热爱他们的坐骑和脚下尘烟四起的道路，
让城邦三百六十五日的花只效忠于美，
智士不效忠于玉玺，只效忠于幸福的决策。
而人民坦荡地活着，无畏地死去。
所以我要——驾！使劲儿使劲儿使劲儿赶路呀！
在逃亡中有所皈依，
在拒绝中更加坚定。

几百年后，亲爱的观众朋友们，
你们看到的我
就是这样，穿着水晶鞋，在一辆南瓜马车上欢快地奔驰，
欢快地笑完这一生。
就是这样，笑着，将自己摆在

寂静又强悍的孤立里。

沉重的问题

真正沉重的问题
怎是五斗米、稻粱谋所能理解的
此刻,你躺在一张
约等于温柔乡的沙发上
从它身体里攀援出
大朵大朵的玫瑰
馥郁到濒死的颓艳
也无法治疗你整个寰宇
陌生的
躁虚

忘了从何时起
你长出一双看不见的泪眼
用这双眼睛你去看
芸芸众生正挥霍着的光阴
看被光抚摸的嫩叶,叶上停了又飞走的蝴蝶
看:被他们过烂了的生活
被他们忽视、践踏到地底的美

这双眼里还装下
行使这一切主权的众生
你的看如此清晰
永远停留在看破与说穿之间

像一帧复古照片上
少女手中的樱桃
还来不及发育饱满,就微微泛起了
黄败的颜色

从秘密的方向击中你的啊,并不是闪光的力量
而是无息无主无色无边的空
不知该悲还是喜
不知这是过早成熟还是提前衰老

一个摇滚巨星的诞生

他左手写词,右手谱曲
编起曲来花样不重叠
他横扫弦乐器、键盘乐器、打击乐器
你猜不到他还会哪些管乐器
他吼起高音开阔稳当,低音深沉
黑嗓躁得全场底翻天
他长得帅,个儿高
长发一甩比诗人还诗人

他在创造力最旺盛时得到了最好的机遇
他年少出名住进豪宅和火辣的骨肉皮嗞呀嗞呀车震
他被麦克风包围被针孔相机偷拍被亦真亦假的论调拼命黑
他吸食毒品,背负巨债,丧失才华,辜负女人
用酗酒代替工作,自杀 X 次未遂

有一天他走到荒废的舞台上
伏下身去,抱着一把断了弦的吉他放声大哭

越大哭他就越小,小成一个婴儿,贴在琴板上
主在云层中,插着耳塞听他的打口碟
做事总是慢半拍的主说:
成了

珍藜的果皮箱

一半的酒在杯中,一半的酒还在
雪花啤酒瓶里
墙上的格瓦拉,桌上的台布
都是红色的
腰乐队的《民族》不是
你和少年们大口抽烟,大声摇骰子
每次我转头看你
你也正看着我,笑

为什么过了十多年,在一路向北的高铁上
我才突然想
写一写这家酒吧,它叫
珍藜的果皮箱
还没来得及像处理狼藉的果皮那样
吞掉我整块的青春
它就在城市改造前,朝虚空致敬

我在那场劫难中带着腰的云朵逃离
昭通城焕然一新,成为滚落在繁华幕布背后的
一个空酒瓶

你重新钻了进去
装修。撕裂。修复——
在瓶底重识最初的光阴
抵抗,屈膝,发福,偶尔夜半清醒
与瓶口保持平行

你自己都没发现的

你大人起来时
大人得不能再神气了
但你萌起来时
也很可爱
你的可爱躲在一朵小花花的芯芯里探头探脑
小心翼翼的
刚睁开眼睛,在水中划手蹬脚的
默默的

有的时候,你就有这种
芯芯里的可爱
我发现了你
自己都没发现的
请你吻我一口,谢谢

来时路

异质的快,如一段
不合时宜的深情,黏附在你骨肉过渡之滨,
蛊惑你的细胞,
进行持续的分裂。
凤凰高飞的代价,是薄荷香的缓慢,
还将在接下来的际遇中。
一丝一丝丧失轻盈。

多少次了,你站在万千世界的交叉点上,
一不小心,就会把自己打成死结。
满脸胶原蛋白,满身光滑,骨里风骚,
也无法喝止
对抗的不可解、坚守的寂寞,
正在为你的人生,
打造黄金比例的两面性。

生来是光鲜的婴儿、甜蜜的宝贝,
深谙逆风而行的危险和美丽。
你会得救的,在乱世大海上,
海盗的酒,水手的刺青,低俗小说和钢琴,
练就你强大的内力。

所以你默许怀念偶尔会
不可控:
来时的路上,
一片圆形光芒,稳稳降落在竹筛里。
每一粒米和米中羞涩的谷壳,
有平等的满足与新意。
当你凝望这一切时——

竹筛在祖母手中,
祖母已和另一个时代远去。

钝 刀

你将星钻钉进我身体
在书写新纪元的征程中
你的人生,又在磨刀霍霍

你还一并钉住我的脆骨和软肋
我盛世之外的鹅毛雪
胭脂锁、梅与鹤

你需要我的分身和象征
我的四肢被你钉在丝质的车间
我的连衣裙,被你挂上临风的路灯

你也除去我的锈斑
用手指蘸着我胸腔的灰尘写下密码
当然没忘记,把整座秘密庄园的玫瑰扎进我
流浪的自留地

爱人呀!春光的骨头与夏日的骨头
正发出澄碧的摩擦声
我该怎样让一棵树里的屈辱与快乐握手
言和

没有第二种天气
为了花好月圆
我震动蝶翅,迎向你刀锋清甜

灯 塔

这艘白色的,从海口秀英港
开往广东海安的轮船,装下了你
辉煌的星空。你独自凭栏而依,呼吸南海上
腥咸的风。这些年,云南、广西、海南……

你离家越来越远，这种味道，也由陌生
渐渐变亲近，像你体内的亲人。

海浪轻摇，莫测的讯号将你打开，
你迎接这无私的馈赠。你明白，有些东西
远远高于岸上那个
令人心安的花花世界。因为岸，
并不是尽头。
这一路，你要靠着若有若无的光，选择信任，
选择归属，并依然赞美
宽阔的风险。

你可以往任何地方去。
在深海里，你看见一个蔚蓝的宇宙。

古 巴

哈瓦那的海风，总在这般
突然的寂静里，与暮色
牵手游荡至街角。
二楼窗前，我叼着父亲的雪茄。
围护我的墙壁，与一百遍《Chan Chan》促膝，
共享一小点凉意。

下一秒就晚了。我要
穿上红色吊带衫去找你，
给你白日梦，和一支伤感的舞曲。
月华轻轻捻开，你的旧钢琴走在非洲大草原上，
喔，蓝黑相间的斑马。

火焰的中心，我轻颤着聚集自己。
你把我的光芒脱了一地，
在爱与灼伤间，拥抱我荒废的城堡。
风暴呀，漩涡呀，遥远的

赤道比基尼，海平线鼓点，被煮沸的冰川都成了浪
……

而孤独发生在
我的绣花裙摆旁。
我半边脸的胭脂，辉映
想象中的棕榈林。很快，火车会把一切，
包括我，
送向你缺席的黑夜。

从昭通下宜宾

江山如此自足，
在陡峭与坦荡间，运筹着大手笔。
从时间的起点走到现在，它还没消耗完
为自己准备的爱。

一切自得圆满。
路边红头巾的石菩萨，不说话，
便能提醒生死。
风过，远处树丛低声齐吼，
一层又一层绿色渐次浓郁。
瀑布从山顶湍下，毫不犹豫粉碎自己，
以获得在江水中的新生。
山中竹林，用空心也能撑起
千古的直立。

在这条路上，我和其他乘客一样
只是疾驰而过的旁观者。
当漫山遍野的狗尾草跳起它们的舞蹈时，
我如此多余。

只有你能改变我身上的大自然

你摘下我谷底的野罂粟，移植到潘帕斯大草原
在云贵高原上，你把飞溅的瀑布引入拉斯科岩洞
入夜了，罗布泊喊冷，你就舀来温热的印度洋
上古的神话，被你拆成一个一个手掌
揉搓山峰，轻抚盆地
让它们溶解，流动，在阳光下重新颤抖

但更多的时候，你是隐匿的
我呢，是深海里紧闭的珠贝，不断分泌出忧伤的修辞
包着那粒近乎无，又硌得心疼的砂
假装听不见陆上的风暴

颂 诗

今天，在你芬芳的殿中
我的身体聚成一架无弦的竖琴

多少哑音往外涌溢
它们赞美你，摩擦我的骨头
与我弯曲的寰宇共振

但我不能跪伏。我还无法笑迎
六月的快乐王子
当风又吹响槐树叶
失去水分的星空，躲在云层里抽搐

我静观渴望的纷扰在镜中轮回
吹号的天使，挤在狭窄的镜框上

弥赛亚啊，我的不洁，已被你视为日出般寻常
可每当我跃过刀光眺望发生在自己身上的一切
仍止不住胆战心惊

惊 蛰

你惊讶在我体内
竟有这么多从未现身的虫子
瞬间齐齐振翅
它们伏在早春伤口斑斓的地表下
歌颂我滚动在荒原上的明艳
你陷入我
宇宙拉紧我们的手
一圈又一圈,飞翔在火焰的墙裙边

佳期如斯,我却恍然从人世抽身
凝视你的沉醉和欢喜
我用尽力量颤抖,覆住巨大的悲伤
窗外是辽阔的蔚蓝
而这张床上,我全部的冰块还在闪耀银光

本期图片由林东林摄

汉诗 Chinese Poetry

诗选本 Selection

夏宏　盛兴
严彬　马累
张远伦　衣米妮子
黄海兮　圻子
莲叶　李瑞
张翔武　成向阳
颜英　孙启放
杨角　苏唐果
张眼　吴冕
刘郎　伍小影
杏黄天　张凤霞
胖荣　灰狗
于小斜　涂拥
张牧宇　魏荣冰
白左　程琳
陈朴　胡晓光　庞培

夏宏 的诗
XIA HONG

环型运动

在长满灰树花的房间练字
墨水像感应到了什么
自己从笔管里流了出来
当它带着静默的心
让颜色回到初始的位置
像死过后的重生:
形体可能焦黑,
却闪耀了光。

我记得住进墓地的外婆
她跨过屏障告诉我:
让自己死一回,
你会生长得更好。
她是不是看见我在某年夏天

披毛散发抽水烟
肩膀微微抖动,
因后背泛起的寒意;
因烟雾,因失去能量的字
不能清晰地显示它的镜像

她是不是心疼我
那个夏天,
总是从街的这一头
飘向街的另一头
而太阳,以拼贴画的样式
显示出它淡漠、残忍的影像
而在它之下,街道涌满了面目各异
似是而非的道理。
而我看到了被剪辑过的人
试图像机器,

精确地控制
自己的移动

记　梦

屋内的氛围
被凉意主导
光线像调成了灰色的数码照片
面目冷淡的主人
有水泥铸成的脸
坐在飞机跑道那样长
的西餐桌前　不发一言。
对于到来的访客
既不表示欢迎
也没表达出要逐客的意思。
后来访客起身告辞
主人又把他们留了下来，
说：要不，再坐坐。

之后，空气还是像快干掉的水泥。

梦里
我是小孩。
走向餐桌背后的墙壁
朝墙喷射出
长长的尿液
尿液反射了我一脸
我肆无忌惮笑了起来

新的世纪

散装的人散落在街上
日复一日，没修好自己

身体不见影子
或是去了另一个地方
心也不在身体里
而是嵌在墙壁里
或被系统遮蔽
被技术重塑
但古老的镜像还是存在的：
譬如，一群人骑在羊背上；他们很开心；
老虎骑在这群人身上；老虎也很开心
而远去的大海
像亡魂
爬上了高楼，信号塔。
它们大概会垮掉。

我总是穿着黑色的毛衣
披挂有数个图层的白色
像年迈的狗的苍白的脸，

隐约渗出紫色。

交 互

隐形人夜游
看到前面有一团头发
坐在有羽化效果的驴子上
头发发出白色的光晕
一路照耀他
他打开了身体的后备厢
然后又打开了装有自己血液的瓶盖
血的气味从瓶子里
手牵手走出来
对头发说：谢谢你
之后，山上长出许多白公鸡
这大概是头发给予的回应。

之后他们沉默地走了很远的路
黎明时
公鸡叫醒了大地

他们都看见
光线确实在变亮

录像雨

广场上不停
下录好像了的雨
原型来自更远久远的时间
摔坏了的人,眼角留下了紫色印章
他在午夜看雨落下的影像
即使它们是假的,
他还是举起了
一株风扇大小的毒蝇伞
他的周围,没有生成的故事
被人踩得稀烂
洒落在地面
精神的残骸
如同断裂后的时间
形成了图形各异
的弱连接的冰山

但他仍能感应到某些冰块上空
气息里有过的甜味,恩泽
像灵魂会跨越裂缝
而一个人的存在,
总是有一团不可见的雾或火焰
而他眼角
紫色的标记下
还有一个隐藏的图层

系 统

日复一日涌动在
用油画棒绘制的街道
的人群
是,或以后是一个
一个单独运行的APP
按照程序服务于公司、机构与公共事业
也作用于交友、恋爱,及星际旅行
这重新构造的系统
血液的饱和度被调置成灰色
成为二维平面上
用来展览、路演的印刷品
灵魂、星辰、蓄积的眼泪
被技术性地
镶嵌在水泥做的面孔里
(有时,它以全息影像的形式显示)
而影子和人在陆续分开
心脏被摘除、扔掉
或被屏蔽

建龙,你听我说

少年头发枯黄　跋山涉水来到猩滑镇
他的身后,积雪的假山停满了飞碟
他蹲在我面前　露出满口黄牙
他的微笑是锡纸。闪着光
它抚摸我
水泥做的衣服

他说:吾爱。

在猩滑我已隐居多年
在硫磺地里为想象中的猛犸打毛衣:

总是打了又拆,拆了又打
有时心情不好
便用手机
把满山的核桃一个一个砸开。
而山顶上的飞碟 我从未驾驶过

建龙,我单调、无趣
身体像墓碑。我会害了你。

天通苑

宇宙里密集的人
涌出5号线地铁
像妖怪嘴里吐出的痰
当我被吐到站外
便能看见环形废墟
每次总违背自己意愿
吃很多土
每次 总要把埋在土里的玻璃救出来

在上面写一日见闻
或等云映照在上面
看它燃烧

盛兴 的诗
SHENG XING

口 哨

把枪指在鸽子的脑门上,它也不会飞
一声口哨,就让它冲上天空盘旋
对爱人拳打脚踢,她也不会离开
一声口哨,就让她翻过院墙,永远地离开这个家

口哨可恨
让人六神无主

沉重大地到处是轻佻与顽皮
苍茫天空响彻不正经的哨音

时 光

在河边读书的人
时光付之东流
到山上看风景的人
心里堵着块石头

在萤火虫的屁股上找到了活着的希望
再用一截烟头
把这希望掐灭

没有等待过
怎么知道等待的漫长

立在树梢上久了,腿脚发麻
活得久了,谁没有不耐烦过

夭折的孩子,时光打了折
早产的婴儿哭声震天,欢庆胜利
迟迟不肯生出的胎儿
待在腹中,沉默不语

我也可以是别人的贵人

上帝已经苍老
贵人改变命运
饥肠辘辘大腹便便的命运
有家不能回的命运
热锅上蚂蚁的命运
风口浪尖上的命运
被悍妇撒泼斯文扫地的命运
呼天天不灵,叫地地不应
贵人何时才出现
看到路边寒风中瑟瑟发抖的农妇
二十元把她的红薯全部包圆儿

古老的家庭

家庭生活是催人苍老的首要因素
而没有家庭生活的人会突然死去
父亲不再暴跳,不再如雷
生了气就颤巍巍
母亲变成了老母亲
她的屁股越来越大
一张沙发是她的专用,坐下就起不来
兄弟姐妹相约带着各自全体家庭成员到来
椅子都不够坐了,孩子们只好站满全程
吃饭时需要清点人数
四壁越来越古色古香,博古架,中国黄
挂钟后面一颗老钉子

我被称作舅舅,或小叔
我从不答应,亦不知该以怎样的口气答应
我将逃离
途中有枪声响起
我应声倒地

一生无好运

寒风中的街头报亭
杂志封面女郎,颧骨高高突起

人们都说颧骨高的女人会克夫
是不是她们会用又尖又高的颧骨
刺破丈夫的好运气
没办法的事情,她也不想克
苦苦地哀求她,也没有用
克了一个又一个
颧骨高,是一种可怕的美

我适合和颧骨高的女人生活在一起
我苟延残喘,垂头丧气
天生无缘好运气
我这一生会让高颧骨锋芒毕失
黯然无色
萎缩成女人脸上一小坨松塌塌的赘肉

我还没有

我的腿还没有发抖
我还没有下跪
还没有道歉
我还没有喝多
还没有吃药

还没走
我还在
我在回家的路上徘徊
我还没有想出一个好玩的笑话
逗等在家里的孩子欢笑

庆　幸

被切除的肿瘤
没有再生
真是庆幸
走失的老人在荒野死去
野狗赶来之前被家人找到
真是庆幸
失去肚子里胎儿的妇人
放声大哭
胎儿被扔进垃圾桶才发现
是四肢不全的残疾儿
这是不是也是庆幸的
当别人这样劝她
妇人反而越发地伤心

没有歌声的早晨

幼儿园建园三年来
每天早晨播放
"太阳当空照，花儿对我笑……"
迎接孩子的到来
从不例外
这天停电
音乐没有响起
孩子们将永远记住这一天：
公路上喇叭声四起

冷风中夹着雪粒
穿着短裙的阿姨搓着手呼哈着白气
黑洞洞的楼道
慈祥的园长奶奶脏话连篇
对着电工大骂不已

醒　悟

我突然从你的身上离开
站起来
我向你宣布：
我已不需要这事儿
你仍在忸怩
你哀求我
做完这一次再说
我已不需要这事儿
不但这一次不行
还请你把以前的都还给我
一直还到我还俗之前

世界如湖泊般平静

群山巍巍倒映在湖面上
城市的楼群倒映在湖面上
鸽子与野鸟倒映在湖面上
飞的和不飞的
街道与花园倒映在湖面上
吵架的小夫妻倒映在湖面上
这生活吵吵闹闹的多么静谧
一个拿着刀追着砍的人倒映在湖面上
阿弥陀佛
拥堵的车辆倒映在湖面上
不久将会疏通，只需静心等待

只有救护车浮出湖面
它拉着响笛拐上人行道
救人要紧

严彬 的诗
YAN BIN

挖 土
——献给我的父亲,并致希尼

我的父亲曾在门前挖土
为了挖出第二口池塘,让我们天天都有鱼吃

作为浏阳河的养子
我们一家五口都生活在这里
在我爷爷死的时候,他给我们传下这把锄头

一把挖出过老房子和旧陶罐的锄头
就在我家后院,父亲后来用陶锉和磨刀石磨它
这把时常闪着白光的锄头在房前屋后翻来覆去
比我的爷爷还要勤快,像是守着自己的坟和土地

后来我的父亲在门前又一次挖土
用黄泥块填平十五年前挖出的池塘
为了栽几棵外地树,为了想象的生活
那时我的爷爷已经死了,我的妈妈独自在门前久坐
父亲一个人在太阳下挖土,穿着我的衣服

是的我已经长大了
已经看出父亲挖土的实在与虚无
那些从地里长出来的鱼汇入最后一场大洪水
那些在太阳底下长出来的树重新遮住我们的窗子

但我们的向日葵和石榴树都不见了
在你也衰老的时候——爸爸
手术刀切开你的皮肤,大货车上一块红布染上外省的泥

它依然保佑了我们——爸爸。现在我们提醒你吞服护心片
请将那把乌青又发亮的锄头交给弟弟

无 题

我在想我长着一张什么样的脸
这张脸在镜子中还是在手上
在你的眼睛里或被你亲吻吗
现在我在沙上走,在泥里走
在月球背面般的夜里走
我的脸上哀愁和恐惧像灰色在黑色上
流出来。没有人看见。没有人看见
这不甘寂寞的人将爱过的手一夜之间
全部叫醒。就在我和你说起这些的一瞬间
你知道吗?我忘掉了它

深蓝色的夜

她们在三根电线上旅行
在回家的路上走——
蓝衣少女,灰衣少女,白衣少女
跟着她们的妈妈在雾中走

在枯叶城的最高层
灰狗尖叫中坠落的栏杆边
她们的妈妈在回声中消失:
为什么要靠近这个陌生人

"可是,妈妈
为什么不可以
他的眼睛是一把
猎枪吗?"

现在她们被妈妈派来的三驾马车接走了
少女的余香唤醒暴风雨

雨果的一八三九

"我为三个被判死刑的妇女要求减刑。
——她们减了刑:终身苦役。
她们的名字叫马尔歇、苏艾丹和拉蒂芙。"

泥土慢慢消失

没有几个人去拍杂草和杂物。
草随风摆动,颜色纯正,
就像视力完好的人看世界,
而男人们为一件小事打架,
如果他们手里没有石头,
在草地上摔了一跤,你也无须劝慰,
孩子隐瞒过失……都是合理的。
泥土有泥土的颜色,吉普车是金黄色的,
有人固执,我们在路上也会遇到好心人。

爱 情

用翻开《恶棍列传》的手拉着你
很快你就睡着了
戴着一朵黄玫瑰——那唯一的玫瑰

这就是你吗
生活的飓风
人们都说
请你快离开我

而你还睡在水鸟上
还睡在我们的生活里
整间屋子都是你的
你对我说

如果要离开
再等上三年
只三年就好了

青年乔伊斯之歌

这个人长期拮据
教英语——教德语——
忍受着远离知识圈的孤独
只能将小说选段寄回家
请唯一一个写信的弟弟批评

他向斯坦尼斯劳斯出售秘密
为了一点生活费
他出卖爱人——
可还是爱着她:
哦,小诺拉,她可不是一个妓女

和她一起闲逛
在巴黎的街上转
离开了那家
"希望旅店"

鹳鸟踌躇

那是熟悉的
灰色的雾气中
女人们从房子里
走出来的
童年巫术
又练一遍

午夜结婚的
年轻人
越来越老了
而真正的自由
谁又有过呢
我只想知道一条
名字漂亮的
河

酒后的团结湖东路

这些多出来的草地不是真的
这些没有商店的临街房子不是真的
这些人一定是睡过头了……
这些老人在新椅子上什么也没有说
这些假恋人从我身边走过
这些人每天在做不是给自己吃的早餐吗
这些朋友在对岸走火入魔
这些人在淡淡的无望中走上台阶
这些人的椅子最后都倒掉了……

枇杷来信
——父与子（八）

我常常在我没有去过的地方
等着自己

今天下午
爸爸昨天寄出的枇杷也到了

傍晚爸爸打来电话
问我枇杷收到没有

收到了,爸爸
枇杷就在我身边,很红,很好吃

可是,爸爸
枇杷能拯救我的生活吗

我觉得快要死了
多么残酷,像妈妈那样

马累 的诗
MA LEI

在人间

那应该是去年冬天的一个傍晚，
我和女儿来到乡下父母家，
我记得那个夜晚晴朗、寒冷，
虽然风雪吹断了村里的电线，
但借着满天的星斗，我们依然
能够看到村庄里透出的点点烛火。
我们就站在村北的土山上，
呼吸着清醇的空气，看着
黑暗里的村庄，直到
风吹麻了我们的脸颊。
那些微弱的光像从天上掉下来的
星星，更像是我们曾经思念的
一些人的眼睛，我们相互看着。
我对女儿说，那就是人间。

词 语

屋檐下锈蚀的犁铧，庄稼地里
来不及铲锄的野草，冰雹打落的菜叶，
在深深的夜里，简单、忠实、
专心的睡眠和叹息，静静的
轮回、缓慢跃转的镜子——
我看不透这夜幕的深重，因为
我们是聒噪的。

安 静

终于安静下来了，当我们
借着灵魂痛楚后的一道微光，

穿越缓慢的夜。多少个
这样的夜晚,我们行走在一
条流转的路上,我们触摸词语中
隐含的美丽与哀愁,仿佛
就要触摸到生活了……

那一夜,星星落满尘间,
传递着安静的消息;
那一夜,我们的妻子在月下
等待,我们的女儿已经安睡;
那一夜,我们为陌生的
街点亮灯盏,为远方
祈祷,为了一缕淡淡的炊烟。

回 忆

我知道回忆意味着衰老,
——当一个人停下来,这个人
回忆他孤独、安静的童年,
像一张发黄的相片飘在水上。
他记起两棵大树、一个池塘、
冗长的午休和蝉鸣,
他记起母亲纳鞋底的声音,
这么多年了,在狭窄的胡同里
一直都没有停歇。
那母亲也衰老了,
只能被慢慢地回忆,
反复地、经久地回忆。

一个暮秋的下午

一个暮秋的下午,
我走在寂静的乡村墓园里,

我读着那些简陋的石碑上的名字,
而地上的野草正在疯长,
仿佛能够唤醒沉睡于此的人们。

我应该是一个多愁善感的人吧,
在这片永生之地,我有着
仿佛是故乡一样的疼痛
和三两只啃食着青草的羊的温顺。

我告诫自己,要亲近这些
简单的场景,即使一朵花,
会在夕阳里枯萎,一个孤单的生命,
只要心藏着大地,和大地深处的
安静,他的心就是干净的。

北 方

小时候,我和弟弟
经常爬到屋顶上,眺望
远处的田野。当我们累了,
夕阳就会从我们背后升起来。
我看见平原的尽头慢慢
出现的巨大光束,
像祖父晚年的目光,
穿过寂静的林子。
我看见那些光散开以后,
流淌在大地上,
我们浑身彤红,像两块石头。
我多么庆幸能够在
血液一样的红色中呆上那么长时间,
直到月亮升起来,蟋蟀
叫成一片。
我不是一只蟋蟀,
但我听见它叫出了人世之美。

麦子花

在五月,我总想起家乡的麦子花,
淡黄的麦子花,
淡白的麦子花。

多年以前的一个傍晚,
我站在故乡的佛塔下,
遥望流霞把天空染成紫红的布,
那从晚霞中归来的人们,
也遍身彤红。
如今那些人都消逝了,
只留下清风,
我苦苦思念的落日。

在五月,我需要一朵麦子花
来引领我的道路和方向,
我疲惫的生活。

我唯一的神是大地之神,
他正遭受人类文明的扼杀。
我唯一的灵魂是热爱大地的灵魂,
多少年了,丢掉过那么多,
只有它,永驻我悲怅的心头。

写符记（组诗）

笔 意

我会用毛笔小楷写我的四十九封符纸
我的兄弟们不能
他们用圆珠笔
常常因为用力过重划破草纸
不得已换一张封面
重新用糨糊贴好
我的毛笔轻灵快捷，往往可以依靠笔意
取得速度优势
我的兄弟们笔意笨拙
缓慢得像是在石头上刻碑
每一个名字都会从薄薄的纸片上
走上神龛，为此我慢下来
将笔悬在空中
和兄弟们保持速度上的一致
像是在亡灵的重量下，笔意有了必要的顿挫

佛和符

这里是诸佛村，佛这个字会经常提及
经常写到。今天，兄弟
写了四十九个佛字
他错把具符一封奉上，写成了具佛一封奉上
我没有提醒他。他心里的佛是对的
并且，四十九个错误的佛
就是诸佛了。这多么契合我们眼前的高山
和高山脚下安详的新墓

那里是诸佛寺
父亲,就埋在诸佛俯瞰的眼光中

封 面

封面小了些,包不住一叠纸钱
封面小了些,包不住那一团火焰

封面糙了些,像是那张消失的老脸
封面薄了些,一个皱褶,就像在哀伤

对称关系

整个上午我就在诸佛村里对折
那些竹浆纸,决不允许刀子划伤
拒不允许墨迹污涂。我小心翼翼
内封是幽冥世界。我和那个世界
有着对称的空间
父亲已经逾越了,我还在一层纸外
做手工。将那张老脸
做熨帖,做严丝合缝,看上去
我和父亲都靠着这张纸站着
一个在里面,一个在外面
也形成了对称,这要命的阴阳关系

故岳考

我写故祖考,爷爷就在二十年前死了
我写故祖妣,奶奶就在十年前死了
今天我写故岳考
我的岳父就在四十九天前死了
我是不会写故岳妣了

岳母就会一直活着
我是不会写故显考、故显妣了
父亲和母亲就会一直活着

世上再无考妣，再无死难
我也再也没有那支写死人的笔

仝日化

仝，就是同
日，就是天
仝日，就是同一天
化，就是火化
仝日化，就是在同一天火化

农历五月初八，就是仝日
化，就是诸佛寺下那一场小火
仝日化，就是父亲的一切归零
包括肉身，和爱

像他最后的隐忍
仝日化，就是灰烬

今逢七七之期

屋檐水连续不断，溅起的水珠逼近门槛
我将八仙桌挪了又挪，符纸才能不被打湿
清晨开始我就一直在看天气
到了中午我还在看天气
田埂上的小路已经起了些微泥泞
他走回来，可能要湿脚。他会走进阶檐
准确地进入符纸上，他的名字位置
就在考字下面，空间足够

今逢七七之期
恰好他的名字最后一个,是"和"
行书笔法,适合父亲弹弹脚上的稀泥
也适合还魂,有必要的松弛

别篾记(组诗)

篾之变奏

请听听,篾条咬住篾条的声音
细碎地,轻柔地,在月光下,在院坝里
一床竹席正在成型

以前,它可以用来裹尸
现在,它只能用于安睡

再请,听听,篾条咬住篾条的声音
大力地,紧促地,决绝地,扭曲地,嚓嚓
嚓嚓嚓,一条竹绳正在成型

以前,它可以用来缠犁铧
现在,它只能用来出丧

——起。离地三尺,膝下三女

篾之水香

清水煮篾条,清香溢出来
俯身,看见透明的蒸馏水急速下垂
那些和黄昏作对的黑暗
有了晶莹的部分。熟透的篾条

放在嘴里咀嚼，会品出一些甜味来
有时候我怀疑这个世界的欢乐
就在微小的纤维里。比如这
分岔的篾条，可以顺着牙根
被撕下，绵软，有韧劲
足可让我不断伸长，不断地
获得无意义的后仰
寂寥的村庄，煮篾条是一件
让人心安的事情，它开始于水
止于火候。时间
不长不短，刚好迫近落日

篾之小火

我迷恋掌心，那一团小火
它有薄薄的外焰，有在小风中
动摇的瞬间。篾条获得均匀的温度
因为我绝不颤抖。并懂得
弥补火的弱势
抑制火的强势
我手中的篾条，不断地顺过
不断地从头，烤到尾
源源不断的输送，太过单纯
而被村庄忽略
晨光强大，火光也被忽略
小小的村庄，也足可
省掉我。安静那么大
悲哀，状如竹子内部掉的渣

篾之火屑

纷纷掉出的火屑
它们错过了篾条在火中

加冕的礼仪。它们在火塘里
或者草丛中，具有
暂时的亮色。这么多微火
从小火里逃出来
我不知道大火，面对一堆篾条
应该怎么做

篾之凉薄

篾条里的水
被火逼出来，变黄，发软
而我蹲在火光中，看它们在地上
蜷缩的样子，像有一点抽搐
而我看不清
这时候村庄尚未完全醒来

火里，还能取出昨夜凉薄
并准确地分享给我

篾之犁扣

让篾条在楼上呆一年，青篾变成了黑篾
它具有更深的烟火色，更轻盈的线条感

到了春分就可以取下来了。把篾刀提前磨亮
把黄篾别出来。别，是一个细活

卷起来，绕成一个字——8
就可以套在犁上了，就是老牛的绞命索了

牛栏边，有几个没有崩断的8
而老牛死了十多年了，爷爷死了二十多年了

这个绞篾的手艺，无非就是左手顺时，右手逆时
扭一下，简单，像是自残

更像是一个没有传人的
绝活

衣米妮子 的诗
YIMINIZI

我需要明亮的光线

我想扯下一块透明的天空
覆盖我
它明亮的部分　　正好
是我需要的
我全身的暗流　　淤泥
沟壑和泥潭
常年被大雪淹没
现在　　那些暗淡的
混乱的
沼泽般的疤痕
和碎片　　正慢慢
浸出冰面
是的　　我只需要一部分
明亮的光线　　穿透我
我甚至需要
另一场大雪　　把我洗净
我会不知羞耻地
向你们敞开
我的黑斑　　褶皱
我疼痛的智齿　　乳腺
和子宫
那些弯曲的
倔强的　　不被人知的漏洞

满　月

总是满满的
欲望。被含在嘴里

像一场大雪
要走很远的路才能想我
昨夜我们又爱了一次

亲爱的　我又想了
月亮那么大
我总是想把夜晚弄得响亮
像一个淘气的小兽
带着发光的乳房　干掉你

天啊　你爱我
就是要这样把我带入仙境
赤裸裸的
没有一次是错的

春行纪

流水沉甸甸的
打落了桃花　杏花　樱花和梨花
早餐的时候
我在宽大的衬衫里
摸到了一枚熟透的老浆果
红乳头冒着热气
清脆的鸟鸣　草地上的甜味
奶油　柠檬茶　蛋卷
小蜗牛　大犀牛
栀子花很香了
我已经洗净流过血的皮肤
窗外的树叶又绿了很多
似乎那膨胀的绿一直没有消失
它悄悄从我的身体里　长出
茂密的叶子和雨水
天一黑　我们就种花　在湿淋淋的瓶子里

人间烟火

那么多的花香
那么多的草木情深

那么多春天的样子
不知道什么时候
长出绿耳朵

如果有一场雨
发育大海
我就会对着天空
动情　尖叫

如果我遇见你
是一种命运
我会用力在沙滩上写诗
一圈又一圈

我手中紧握的波浪
有一种味道　像你腹部的汗液
很有人情味

在山上

在山上　很多绿绿的树
很多苹果　李子　葡萄和山楂
很多野花

秋天的时候
她们就会红红的　熟透了
她们挂在树上
那么好看
像一个个甜蜜的女儿

夜里　远处传来蝉鸣
也会有一场暴雨　淋湿梦境
雨水如注　那些斩不断的雨声噢
就在眼前
像你身后巨大的沉默
不再燃烧　也不会消逝

小野菊安静地睡了

黑夜里到来的不止是黑暗
月亮倾斜着湖面
小野菊安静地睡了

我坐在椅子上
身上的真丝吊带有一小团光亮
仿佛熟透的葡萄
在洁白雪花的光线中
若隐若现

只要一碰
就会溢出甜蜜的汁液
或者宁静的河流

仿佛露水　一动一动的
令人垂涎

向道者

心中的鼓音　熄灭了
湖水寂静
一池睡莲　被风吹落了花瓣
雨声回荡天地
青衫上的露珠　不懂你的孤独

我在娑婆中看到了悲凉
一颗心向往觉知
像一枚叶子　带着巨大的苦难
飘飘落落

我们的悲喜　一如这清凉的湖面
被晨钟敲开寒意

黄海兮 的诗
HUANG HAIXI

共享单车

好多辆自行车
黄色的，绿色的，黑色的
并排停在公交车站
小区门口
办公楼下
我用手机扫码一辆小黄车
然后输入密码
开锁
它确实像我以前骑过的
任何的
一辆自行车那样
骑行过程中
需要我双脚用力去踩
停靠时
需要我用脚敲摆支架
但以前我骑过的
那辆自行车
是我一个人在骑
穿行在那时的乡间小路
我是一个农民
今天，我骑行的这辆单车
穿行在大街小巷
即使好多人骑过
但还是骑一辆单车
那么个感觉
它铃声却不响

在西安秋雨中穿行

我从银行出来
看到雨中等车的人
站了一字排
打伞和没打伞的人
背包和空手的人
在秋雨淅沥中招手
刚从我身边驶过的出租车
急停下来
司机探出半个头问
去南郊高新区
捎带的,谁去?
有两扇车门被拉开
但只有前排一个座位
拉开后座车门的人
运气有些不好
他踩在水坑里湿了皮鞋
但我这个毫不相干的人
只是路过
我被这辆急停的出租车
溅起一脸的污水
司机,你为什么不看
我此刻这张
中国表情的脸

秋风所破歌

秋风终于经过了西安
早上起床,风吹窗帘
看到九楼对面的阳台上
晾挂着风衣和夹克

我把客厅那盆绿萝藤蔓搬到了阳台
又忽然发现阳台上
那棵碧绿的圣诞树
又悄悄待了快一年

1996。县城

1996年
我请李晓东看录像
我们刚进录像厅
放映的画面
传来一男一女的呻吟
我和她坐在角落的
双人沙发上
我便闻到李晓东头发的
茉莉花香水气味
和录像厅充满的
尿臊气味
烟草气味
脚臭气味
并有布沙发上的精液气味
和来苏水气味

昏暗的县城的
城中村
建筑工地
断头路
单位家属院
都有这其中的某种气味
那年，我常走的大街小巷
而现在我闭上眼
那种气味
总是跑出来

种植农业

微信朋友圈
一帮逃离农村进城的城里人
在别人的土地
种植农业
浇灌农业的种子
歌唱农业
摆拍农业土地的拼图
如同网上虚拟的种菜的游戏
但他们闭口不谈
乡村那已衰败的中国
半边遮掩的门
生锈的门环
铁锁是最为乡愁的部分
被他们晒成腊肉
成为纪念中的风景
故乡,我的钥匙丢了多年

在乡下干了什么

在湖北省大冶县河口镇
他们种三四亩水田
和两三亩山地
水田种植水稻
山地种植小麦
小麦收割后
也种植玉米
有的不种小麦和玉米
他们种植红薯和芝麻
那时候,谷物不够我吃
我们吃红薯和南瓜
庄稼地养鸡

野坡地养牛
院子里养猪
但我没机会吃它们
它们进入了集市
换回的种子和农资
他们继续种三四亩水田
和两三亩山地
水田种植水稻
山地种植小麦
小麦收割后也种植玉米
有的不种小麦和玉米
继续种植红薯和芝麻

圻子 的诗
QI ZI

辨 认

在寂静中
樟树分泌香气,柏树摆动针叶
柳树站着,它们有欢喜的模样
我从低压云层下还默认出
松树,枫杨树,乌桕树……
那是我目光所及,能找出的树的名字
它们一生都不离开
如果在天黑前看见它们
就像见到久别重逢的人
幽暗中,每一棵树都站在原位
每一片树叶都像时间里面的鼓点

像一只蝴蝶避重就轻

事实是,我出自乡村
有迁徙苦,却没有离乱痛,生死恨
事实是,我做着那些看起来徒劳的工作——
教育工作者、政府征兵员、警察……
打开它,或许就是一生
事实是,我一直沉迷于古老的梦
像一只蝴蝶避重就轻,打开它,总是匆忙
事实是,我写了一本诗集
它还在电脑里,打开它,是齐整的五号宋体
事实是,我有一具敏感的身体
恒温的经验,打开它,是易感染的肺腑
事实是,我尚且活着,有时孤独
过着与你相同的世俗生活

去海边跑步

去海边跑步
黎明仿佛是黑夜的一个出口
潮水踩着细沙,发出哗哗的声响
这时爱人还在熟睡,一座房子陷入迷蒙
这时牡蛎张开硬壳,一座岛屿陷入喧哗
去海边跑步
光线从一层一层的海水上升起
仿佛是人世的一个入口
岛屿,滩涂,我发热的身体,沾满腥气
全然没有潮水的孤独

炉火前的汉字

炉火前的汉字在打盹儿
在取出它之前,竹简、木片或羊皮
是躺椅
你看汉字多么自在,你看
它们有恰当的黑:优雅,内敛
在取出它之前,它们成群结队
平整而无忧
在寒冷的冬天,炉火前的汉字
像肉体饲养安静的兽
像清风经过一个院落
现在它们步入书籍,陈放在书柜上
书柜犹如墓地
明月低悬,死去的汉字,却不呼啸

真 相

所有造物中,包含了这样的静默
夏日的星子浅落在丘陵后面

他扛着一把锄头在田埂上巡视,像战场上
获胜的士兵——
稻子,在脚下养着

所有不眠中,包含了这样的纷扰
肉体之疲,催促的喊声
谷穗灌浆时,无饱胀的欲望

夜幕下吸烟的人,一明一灭
两块稻田之间的一个真相,蛙鸣裹着

我见过这样的诗人

山体,绝壁,攀爬的人
——犹如黑暗中行进的思想
他认为高处是可以抵达的
我见过这样的诗人
一生都在寻找裂隙和凸起
山下没有捷径
昂首就能看见头顶的云
裂隙与凸起,犹如文字的远古之境
他退无可退
写诗是从陡峭中惊醒
每一次都可能摔下来
惟有竖起攀爬的意志

本 意

哦,杨梅树上
一只鸟采撷它的果实,为了果腹
一条绿色的竹叶青盘踞在树枝上
等待果汁发出芳香的邀请,为了捕食
哦,这或许是植物的本意

夏日里,你采撷它又是为了什么?
盛大的山区,鸟的胸腔长出叶子
剩余的果实在枝头腐烂
果核将要落入土里,变为它的根须

植物行走时

春天里,花朵走上枝头
植物行走时,绿叶浩荡
荆棘与灌丛,围住山丘
山脊有巨石,一直往高处爬
不听喘息,不顾死活

山紧挨着山,阴影如众生
说不清是什么,驱赶着它们
谁在使出力气——
春天里,植物不疲
日出日落,植物无我

悬　念

从村子里看过去,那座山是清晨
太阳入世的地方。
我一直想去那山顶。
有一天我爬上去了——
上去就知道,太阳依旧高远,照着
山那边的大地

春天的园子里

春天的园子里,果蔬疯狂
它们肆意生长

今年的青椒长成去年的青椒
中午的茄子闪着紫光
家人一样围着,西红柿
还没有红透
麻雀在跳,麻雀抓走
嫩叶上忘我的菜青虫
它们滚圆的身体正打着饱嗝
你不知道
鸟蛋在树上的鸟窝里
鸟蛋喜欢阳光也喜欢雨水
你不知道
择菜的母亲,今天将择什么菜
晚餐会有我新鲜的味道
春天的园子里,果蔬诚实
果蔬递出生活的热情

莲叶 的诗
LIAN YE

这都是天生的

风吹过来
水杉的黄叶子有一种细小的叹息
昨夜落下的薄霜
又轻盈地升上天了
在小村，万物有序
我们生活在这里
母亲说："小雪见晴天，有雪到年边"

活　着

细雨。微风。这是十一月的夜晚
卖小笼包的男人在一盏灯下
张望
叫卖
搓手
咳嗽

风吹来，男人的影子在光里抖了一抖
风再吹，男人的影子在光里再抖了一抖

赞美诗

阳光正穿过一片墓地
大片的寂静里
有人在折返
小声议论生死
那么亲切、自然

在这广阔的平原
阳光落下
我们穿行其中
安静地来,又安静地去

一个人的笑容是张孩子的脸

雨中的男孩
一手举着荷叶,一手拿着莲蓬
轻快地跑
他转弯,完全看不见了
雨还没有大起来
我慢慢往回走
细雨打湿了我的头发
我忽然发现
一个人的笑容是张孩子的脸

你的窗子看得见月亮么

你的窗子看得见月亮么
月亮在左。月亮在右

月色醉在西窗
只是低头看花

这时,花簌簌落下
仿佛多年前我写给你的信

我丝毫不掩饰对这尘世的热爱

立秋第七天,微凉
檐边细雨低垂

触手可及的文集里
住着逝者的笑语、哀愁
及小小的满足

八月秋薄
这都是平常的事

八月苍绿
长尾雀飞过时,眉豆花正安静地落

篱笆边的大南瓜浑圆
黄灿灿的南瓜花与灰蒙蒙的天
一样美好

梅雨季

南方的雨季来临
我记得,石上附着青苔
艾蒿正香。寂静里
两只大鸟
站在屋后的苦楝树上
看着从田沟里爬起来的那个男人,满身泥水
我无言,久久站在原地
等他走来,然后,低低地叫他一声"爸爸!"

风在吹

后院,鱼腥草顶开碎石
风把鱼腥草吹红了,又吹绿了

时候到了
母亲在菜地种豇豆、茄子、黄瓜
父亲刨地,拈草
忽远忽近的鸟鸣太明亮了

昨晚，奶奶托梦
说她坟头上的南瓜发芽了
今日月初，可记取的片段不多
——而春在归

新的一月，太阳照着母亲的小菜园
你看，风在吹
明亮的事物，是新绿之下
——一切会重新开始

往事如烟

李芳，一个安徽女子，与我
趴在缝纫机前贴口袋
哒哒，哒哒，哒哒
像时间挂在秒针上

那时，我，一个湖北人
和一个安徽人，在宿舍里
用电饭煲煮一锅素面

如果遇上发工资
我俩会在电灯下熬一锅汤
犒劳两个胃

哎呀，一天，一月，一年
要献给流水的日子
要温暖与光

看云记

散步的时候，我喜欢傻傻地看云
那些缥缈而来的，也将缥缈而去

天空中,云朵静静浮现
云甚至会跟着我
走出去很远

小时候,我也爱看云
放学路上,满天的云朵在变,在飘
我会忍不住追赶
直到它们消失

我不知道,我在追赶什么
我只觉得,藏在云朵里的蓝
多好呀
落在脚边的蓝花花上
比我还小

李瑞 的诗
LI RUI

独身笔记

一个假期包含七次失眠六次
赖床和一次尿急
一张高出我二十厘米
的床我爬下去床上就空落落
独身主义者的相对论

避开一个词语的命名
再用另一个代替这句话
怀疑时间的流动性
风扇转动灯光忽明
忽暗夹裹着流感病毒

夜里只带着一个影子的时候
也一样
散步、观星尽量
凑足两个人的戏份

慰己书

写一个句子没有缓解
我的腰疼
雨来得也突然
教室里的十五分钟
分割开,一个人说话
两个人,继续说
三个人的时候会掺杂

你我的坏脾气
"某人说起自己。吞药丸
把二十多年过成一次性"

跟写诗的人喝酒
尽量避免谈起诗
见人说鬼话，见鬼说人话
夹在人鬼之间的东西
我更乐意拥抱它

"我从不想起人世间
在不写诗的时候"
固执于此时状态

万物给我的快乐在
几年前就达到了警戒值

观星术

从昨天开始，他就开始
绕着教学楼转圈
伸直舌头，应付两张缠绕的嘴
企图通过甩动胳膊来抵抗
地心引力

我可以看到的，物体反光
否定眼睛，否定一切眼睛可容纳物
鸟鸣长成矩形
一种悬空的方式
遮蔽我

火星不会砸在地球上
我不会砸在火星上
这是最有可能的
我不会与一个星球相撞
换作一个女人，也一样

延展性

一个早晨,睁着眼睛比闭着
来得更直接,很多时候
我是行走的
陌生人,邻居,写实主义的吊兰

躺在床上,模仿一根
干净的面条
离不开一个完整的陈述句
有可能的话
我宁愿不这么真实
雾霾一般笼罩

一切可爱与可憎

因果说

某时,我想说起菩萨
说起一个素未谋面的
女人,说起喝完一瓶可乐

我会渴望一个身体
的柔软
他安于现在的坐姿是哲学
难以解决的

现在,他刚看完半部电影
半本杂志

比如美人鱼
活在玻璃另一边

无所有

就这么坐着,对面的女人
又开始穿衣服,跟我无关
我剥大蒜,剥离这些植物
的动物性神经
早上起床浇花,说出一些
昨天藏起来的话

也可以过得快活一点,夸大衣服的覆盖面积
换一具身体换一个脑袋换一个
女人换一种生活方式
或者换一个方向转动手指

我还年轻,这些都会得到批准
包括住的房子,晚上会降温
到零下十九度(没有多余的酒)

我会这样宽恕自己

碎片整理

我等你回来喝酒的时候你在武汉
在辽宁在山东山西在东北反正就是
赶不回来,我想跟你说说那次
天黑之后我没抽烟

5月20号今天气温下降是夏天
早上起来虫尸铺满窗台,我不能
为它们存在的合理性
多说一句话

白天夜里整理自己,开空调开窗户开酒瓶
围着一张矮桌子,玩飞行游戏

我喝了酒,抚摸床沿抚摸一本
浸湿的《南回归线》

我想跟你说一些事情
你不一定会喜欢

河马与诊断书

Mr.Li,请打开塑料袋,且
　　保持真空
　　请穿过黑漆木质
　　门,忽略阿兹海默偏头痛
　　请在此处倒置身体,白天黑夜
　　伪装轮椅,绕公园环行

风吹电线杆,我就转圈
烤炉里的,红鸭子转圈
我在相框里,四肢套着水管
它跟我不一样,我有衰老之心

我有衰老过后水泥之心
有雨后风湿病之心
有高举水杉树
弹跳于草尖、葡萄籽之心

张翔武 的诗
ZHANG XIANGWU

谁骑白马来

白马走来，驮着身穿白西服的男人，
他们所到之处，一团浓雾紧跟着弥漫
像镇长死掉那个早上，消息传遍整个菜场。

孩子们看见那个男人握着马鞭的手
放在大腿上，根本没有抽打他的白马，
男人望着前方，马蹄磕打着街上的石板。

有人叫喊，他们带来了死亡，一个冬天没有植物生长；
另一些百姓表示反对，他们撒下雪花的孢子，
一旦土地解冻，树枝会炸开芽苞，水蛇也要溜出地洞。

离 去

狮子抖动浑身的金毛，踮着脚钻进房里，
傍晚，它跨出窗台
爬上楼顶，退回深蓝的天空，
我知道一天又将结束。

年少时，我站在岸上出神地看水，
河面银色的粼光像崭新的铠甲。
也不知过了多久，那些跳动的光斑相继潜入水里
接着会是中午，寂静、漫长，像一只烧热的铁桶。

在我迟钝的感觉里，许多水光无声地离去
留下一个观察的身影，试图捕捉什么。
雾气从地平线上升，上升，然后开始平铺，
树林、道路模糊起来，那个我正在离去。

再见猫头鹰

除了偶尔过路的火车带来震动,窗外
就是夜宵还没散场的人们的谈话声,
他们从暗处出来,来亮处找到烤肉和酒。

那只猫头鹰的叫声,好几天都没听到了,
他极力回忆着,那种低沉而短促的调子
曾经响在十四岁那年去学校的每个早晨。

油菜地尽头是水渠,在水边的树林里
某种鸟叫荡进他的耳朵,独特的音质
在鼓膜上留下水印,像生脸投映瞳孔。

躺在床上的人白天穿过街区然后走进某栋大楼,
正是这个人从前穿过树林然后打开教室的门,
树上那对眼睛闪着镜头的幽光扫描地上的动静。

晚上,只有机器不会失眠,在空中,夜鸟腾飞。
两只不同的猫头鹰,在不同时候、不同地方
带来暗合的心境,树枝击打着空气,留下相似的标记。

城里的线条啊,细如闪电,硬如象牙,
蹲在高头的鸟,有人记得穿透枝叶的歌声,
请放开喉咙吧,夜间的行者不会漠然忘形。

据一只鸟的叫声,夜间的行者测量记忆
跨越的距离,校准自己与自己的偏差,
无论树林还是街区,他只愿见到同一个人。

寻洲记

在河下游,有个几里长的小洲,
洲上住着不多的几户人家——

他停了一下，偏着头
向我投来犹疑的眼神，似乎
不知道该不该继续说下去。
我没有开口，瞅了他一眼
自然流露出有点期待的表情。
那天，我翘课逃出学校
划船跑到那个洲上，一户打鱼人家
老两口招待了我，那顿晚饭
腊肉炖着黄颡，鲜香合一，
柴火煮的米饭跟电饭煲煮出来的
大为不同，我给他们钱
他们坚决不要，真是——
县城少年的语气里充满了歉意。
我独自去那个洲是在后来，
那里只有几栋门窗破败的空屋，
大海般呼吸的芦苇荡，我才明白
那个故事仅仅在他讲述的时候发生。
上涨的秋水辗转翻身，浪花啃着
河岸，他被水流带走，漂到
更远的下游或者对岸——洲上
那户人家还住原来那里，每次想起
我都有熟悉的感觉，仿佛去过多次。

暴雨　整夜暴雨

暴雨像飞落的铅锤
砸在地上。闪电扯起大步，
雷声如鼓里的心跳。凌晨三点，
他醒来，听着雨，楼下的猫群
早已不知躲去哪里，棕榈树上
鸟雀惊叫着，他依稀听见
它们无处可逃的惶恐，还担心
那些鸟怎么度过这个晚上。
没有开窗，即便开窗，

他看不见那些鸟缩在哪里。
去年这样的雨夜，潮湿的城市
如同刚从海底打捞上来的沉船
——在她公寓里，他们做爱
仿佛做爱足以抵达一生的尽头。
有些事不会忘记，有人却装作
什么都没发生。后来见面，
他不愿多说，不想成为一把撬开饼茶的锥子，
只是暗叹感情变数的多种可能性。
更多的话摁在心底，像童年
在水里憋气，默念着数字，
过了很久——整夜暴雨，他又睡着，
雨水喧嚷着，如奔腾的河流。

梦幻学院

不光是我，而是我们找了很久，
在灰暗的楼道里转来转去，
只为找到那间教室。到处是
泥灰、木板、废纸，这里
像正在装修，又像废弃好多年。
桌面开裂的课桌，落满灰尘的长椅，
我们陆续坐下来，准备听课，
整间教室坐满人，我不认识
任何一个，我们准备听课。
前方没有黑板，没有讲台，
甚至没有一个教授模样的人
站在我们当中，像个传教的外地佬
眼里闪着烛火般跳跃的光。
我等着，和其他陌生的男孩女孩
一起等着，希望出现什么动静。
我垂下脑袋，有些困了，忽然
一阵噼里啪啦的雨声从窗外传来，
睁开眼睛，所有人都已消失，

只有我还在，在床上醒来，
窗外正下大雨，天还没有大亮。

成向阳 的诗
CHENG XIANGYANG

夏雨帖

1
雨安息。桐叶沉沉地
旋下来磕了一下头顶
要为你加冠晋爵呢
隔帘坐，欲言又止
墙上明镜映出檐下的绿苔
回乡后须发又长了啊
那些榆树间的鹊儿却不开口
倏忽离枝时溅一小串水珠
哪颗是你自己的魂儿呢
哪颗又是别人还回来的

2
黄昏越筑越高的圣殿里
草木都在坐禅
闪烁啊闪烁啊小雨珠
一小句一小句的偈子垂挂
寂静湿漉漉的深处。雨幕
在铎铎的脚步声里撩开一小段白
又静静收拢。一只手在远处
挥起沉思状的烟雾
风中豆田有摇晃不止的边陲

3
一夜雨。小花小草
四野清供
早晨的青玉案尚缺一角
可踮脚站立。听
野喜鹊吸一整夜的烟

此刻在枝头劈柴，咔咔咔
咔咔咔的每一声里
正喷溅节奏短促的星火

4
小雨。你与远山之间
肉身的菩萨朦朦胧胧
打碗碗花
端一清早的雨水
颤巍巍的心是粉红的
有所祈愿的唇喃喃着
还没学会喊饿

5
崭新的雨云
又从豆田浅绿的边缘抬头
是谁在那里撩开双腿漫步
缓缓释放忧郁症的烟幕在身后
消失的山和树正在消失中移动
你思想的一部分也在其中
消失。可一切消失的还会回到近处
比如玉米层层包裹的沉默
像刚从远处带回新鲜的气力
青缨紫色的尖端要重新吐露
这些带血的词

6
雨后。亮光像一个慷慨的节日
蛙声未醒，鸟翅还湿湿地
伏在梧桐间不叫
焚香的母亲
还来不及发出往日的噪音
我可以安静
可我不愿意看见
我此刻简单看见的垂临的光

光中的母亲与树间的呆鸟
此外空无一物

颜英 的诗
YAN YING

留　白

穿过一条横跨东西的马路
就是镜湖

七月，一池荷花开得热闹
很多人都急于表达

只有一对老夫妻
坐在长条木凳上，眼神安静

仿佛所有的赞美
已经被他们用尽了

这让我突然想到
过不了多久，荷塘

还有那空下来的木凳
会被大雪覆盖

所有的枯荣都将交付给
漫长的留白

太阳像一个滚烫的蒲团

五层高的新教学楼已见雏形
架子工刘二
右手一根手指粗的钢钎
左手一捆铁丝
绑牢一个十字架又爬上另一个

柳荫里的孩子们
似在观看猴子爬杆的游戏
欢愉不止

刘二还在向上攀爬
安全帽如一个晃动的钉帽
而十一点的太阳
像一个滚烫的蒲团
挂在最高的杆头上

施州桥下唱书人

手打竹板唱古说今
众人经过
他唱《空城计》
一个人的时候
他就唱《长坂坡》

月上桥头
他开始唱《女儿会》
一直唱到交出信物
唱到清江河潮汐涌动

路过云台寺

几个壮汉
往寺内搬运着石材和木料
电锯声与嬉笑谩骂的声音掺杂着
不绝于耳

我知道用不了多久
会有几尊佛搬进来
焚香炉就有了香火

也会有几个小和尚走来走去
打扫院落和台阶
收取功德箱里的钱

不难想象接下来
每天寺里的喧哗
比老方丈敲打木鱼的声音还要紧迫，还要鼎沸

唯有那几尊笑眯眯的石佛
坐在各自的屋舍里
安分守己不发一言

一滴雨水

要说的是它摇摇欲坠
紧紧地包裹
闪电和风声
自信及小小的慌张

叶片多像母亲的手
托举着

而最美的部分是落下去的
一瞬间，省略了
一切多余的
只剩下破碎

孙启放 的诗
SUN QIFANG

不要对黑夜漫不经心

不要对黑夜漫不经心
早期的人被黑夜捆绑
窝在洞穴的深处
生物的时钟是不可动的奶酪
睡眠不是黑夜唯一的馈赠
神秘是更好的礼物
幼时，县城照相馆
我见识过老式相机的黑布袋
小小的黑夜中
倒悬的镜像清晰无比
现今，你无法改变
筛子般漏光的城市黑夜
以及由此而生的疲软白天
从无可奈何到漫不经心
你已习惯于城市对上天的悖逆
可以选择地方
比如依然早睡的老家
可以看到"看不见"的黑夜
和想象一样辽远
可以拾取一些稀缺的敬畏
看到一些东西在黑夜里慢慢聚拢
好像为白天充电
你也可以每天早上把黑夜翻过来
看一看内衬的黎明
羔羊皮一样洁白柔软清新

云是天空的假发

空如。云是空
湛蓝的色也是空

佛陀的心念不可捉摸
圆天是佛顶吗?
芥子也是。

莫衷一是。那些假发
湛蓝、阔大的圆顶、光影
相生相倚啊!
空幻纷乱的万象
消弭于低垂的眼皮
消弭于两粒
褐色石子般的眼珠。

我将删除多余的岁月

删除招摇于春秋的枯枝碎叶
删除坚硬的表皮、疤节
删除虬髯般的
深沉了多少年的杂乱根须
删除蓬勃
删除激荡
删除自幼所立志向的高远
删除强横和戾气
血腥和积垢,不甘和厌倦
但我,不会回复到一株嫩苗
不会回复于春风中的柔弱
秋雨中的凄苦
我只是删除掉一些多余的岁月
把朴素的纹理
真真实实呈现出来
我只是一张散发天然香味的
裸露本质的靠椅
在整修一新的草坪上

习惯是自己驯养的宠物

足踝和发丝
那些难言的习惯,非我苦心所致。

该离开的,是时光、朋友甚至亲人
你一辈子厮混
你驯养时
习惯也在调教你自己。

随身可带的,只有这不舍啊!
甚至盲目,甚至沉睡
甚至情感的雪崩

驯养与被调教
你无法同时看到一枚硬币的两面
幸福依然一无所知。
转过脆薄的屏风,白云时有时无
收起的细链与苍狗无关

星汉微茫。该离开了
你挽习惯之臂踽踽而行浑然不觉
如同一对衰老的主仆
遗落下
拉长的影子。

好像温暖过某个人

温暖一个人是幸运的
她会把一切,毫无保留地呈现
不讲道理地信任或者依赖
有些话,连母亲都要回避
和我说起来却那么顺溜坦荡
好像面前有一杯温度适宜的开水

试也不试就仰头一饮
事实上她并不单纯
世面上的事见得可多了
借我天性中可能存在的温厚
相互容纳的气场中
扮演一次不谙世事的天使
或者捣蛋的小鬼头
这也不错
没有理由说她在秀什么
即使是戏，一直演下去就是真的
比如现在，我就遥遥地想着她
千里长的思念上
缀满本不必要的担心

我从来不用汉语写诗

诗是语言的吗？
那些深藏的幽冥中的鬼魂
语言，能够耐她几何？
你用钉子
能固定住幻变的流云吗
语言的能力
总是在诗远行的背影中无奈
我从来不用汉语写诗
我只是我的翻译
把另一个我从人类共有的意识中
艰难又破碎地剥离出来

不死的诗歌是游荡的鬼魂

褪去这些诗歌的衣衫
我知道虚幻的意识从来不具重量
重压从何而来？

强大的能量场从何而来？
不死的诗歌是游荡的鬼魂
携带小包的炸药
出没千年
多维的空间啊
每遇上一次，都有熟悉的陌生感
如同前世所见
而我的身体究竟有多少条秘道？
这游荡的鬼魂
怎能知晓所有的打开法门？
符咒，眩晕，隐秘的哭泣
宣泄或隐忍的快意
唤醒也是一种罪恶啊！
被扎穿的愉悦，于寡欢者是何等的僭越
体内的严谨部分
真理，冰冷的铁律
从不与诗歌为伍
藏匿带着暖意的眼神
以存在的审判
对不存在的逃亡，实施逻辑上的赦免

杨角 的诗
YANG JIAO

无神的日子

无神的日子如此短暂
天蓝得记不住
云白得也记不住
那时我还不会滚铁环,扇纸牌
祖父用一截木疙瘩为我刻了一尊菩萨
我把它放书包里
从此多了一份牵挂
昨天,老婆不知从什么地方把那尊菩萨
又找了出来
递到八个月的孙女手上
我一把夺过
惹得孙女大哭
造神的人已经死了
可神,仍活在我们当中

养蜂人

他们是至今仍健在的地主
雇了一群苦命的蜜蜂
每年春上,剥削登峰造极
它们早出晚归,给每朵菜花送去人间的书信
养蜂人在数点钞票的时候只顾微笑
忘了给它们开工资
忘了一群悻悻离去的贫农,和雇农

穿过雪夜的大堂

下雪的冬天
失眠的人凭一盆炉火

找到自己的双手
户外有人踏雪
没有灯盏，他们依靠遍地雪花
照亮黎明的断崖
这些年，我常在炉火旁写诗
手提几个词语穿过雪夜的大堂
很多时候，我两手空空
像捏着一把积雪
写着写着，它就化了

与时间在一起

时间一直与我们在一起
在山里走累了
选一处背阴的地方坐下来
时间坐下来
风也就坐下来
温驯的阳光像一群绵羊围坐四周

与时间在一起的日子
是最充实的
仿佛怀里抱着自己的孙儿

我们说一个人死了
其实就是说他已和时间走散
或者干脆
就叫被时间抛弃

老　家

用一亩二分闲田，种永不开花的石头
如若失败，权当又一次抄写圣经

泥土是坟墓铺厚的
二十年前祖母添上一层
后来，母亲和二弟，又各添一层

我有一个回不去的老家
去年清明回到故里
祖屋长满荒草

照样有一只蟋蟀，天天在草丛
做着法事
照样一到七月，地里的棉花就会白头
像我小学的同学

蝴　蝶

蝴蝶心静
它常常趴在一朵花上
一趴就是半天

它不紧不慢，比照花朵的图案
画自己的翅膀，画好了左边，又画右边
待它把两只翅膀慢慢画完
夏天的火车就轰隆隆地开过来了

秋天铺出宽敞的跑道
蝴蝶依然飞不了多远，顶多飞到寒露
它就会折回来

每次都是：一只蝴蝶在低空飞
一朵花就远远地看着
仿佛一个爱美的人在一面镜子中
静静地欣赏着自己

清　晨

刺桐树在一个早晨
等来了自己最茂密的日子
一片片刺桐叶睁着眼睛
克制着内心的兴奋
天大的喜事也等太阳出来再说
附近睡满了苦命的人
远处人影晃动
终于等来了交出宁静的最后时分
一只麻雀斜刺里飞来
刺桐叶一阵摇晃
像一粒石子轻轻掉进了水缸

三江口

石头走了太远的路
才决定坐下来歇一会儿
整个长江流域有三条江的滩涂不多
有时要五百里才遇上一个
许是太疲乏了
它们一坐就坐过了冬天
有时我看见它们
在阴郁的阳光下提不起精神
那是它们刚刚坐下
更多时候它们三三两两极目江边
一副很着急的样子
像是在等什么人

苏唐果 的诗
SU TANGGUO

白 露

苹果开始掉落
草地泛黄
我们坐在树下休息
仰望以露水著称的清凉寺
一只蚂蚁爬上膝头
我告诉你要仁慈
有一天,我们什么都会经历

密西沙加的立秋

今日立秋。我在这里陌生的秋风中
竖起了衣领
你在故乡下坡
轻声呼唤炎热的母语
我的小名
秋天的大雁就要飞回南方
在天空变幻
"一"字形和"人"字形
我在大地,怀揣着相同的词典
是啊,我的心上,也有
一人

旅 途

摇晃的旅途
一个人
被两个站台名虚设

结局遥远
现实又况且况且
只发模糊之音
一个人的发呆史
就是时间的虚掩史
我在门槛上抬头
只见一轮巨大的月亮
在大地上投下它的影子
纪念碑

一年的最后一天

这一天醒来,呵欠
落在久违的棉花上
躺在床上,听爸妈在门外走动、说话
有照常的不和
但不挣扎了
七十岁了,他们都接受了
井,和井边的青苔
也都认了桶里的铁锈
其实,他们都和我一样躺在床上
身边的一切都触手可及
又保持一个夜晚的距离
让生活尽量保持原样
就要耗尽我们的一生

白

风,吹动午后
一片栀子花
把小小的山坡摇曳得
陷入青春的动荡
那年夏天

他把一件朴素的白衬衫穿得傲慢极了
那时他们说话
只敢盯着第二粒纽扣
那时,风也轻轻地吹着
不时掀起的衣摆,扬了扬
又被吹了回去

荒草记

眼前的荒草
在一阵又一阵风中,摇摆
像孤独
隐藏着它的锯齿形凶器
她一个人坐在荒草中央
远离人群
背对小镇和流言
终于,她疲倦了,站了起来
暮色披在她身上
正是那种虚无的金黄
领她一步步走到了这里
夕阳把她的影子拉得好长
如果一直这样美下去
该有多好
蝉哑哑地叫了起来
天边已经着火
忽然她倒了下去
荒草四散,更多的又围了上来

张眼 的诗

黄色的公交车

近来在夜里,我偶尔会碰见祖国,
和他聊起奥胡斯的公交车,
就是在夜里,我们常常一起等的
那辆黄色的公交车。
车里是一位严肃的中年司机,
载着醺醉的男男女女。
那时候,我们一起喝嘉士伯,学丹麦语,
尝各种带有臭味的奶酪,在跳舞的时候,
还会偷偷碰一碰白人姑娘细腻的腰。
那时候,我们常常坐在公交遮雨亭里,
等着夜里那辆黄色的公交车,
仔细翻检钱夹里不多的丹麦克朗
和那两毛跨越半个地球的人民硬币。
我和祖国抽着烟,聊着些什么
(我们都记不清了),
等着夜里那辆黄色的公交车,
等着奶酪、火腿、黑面包和猪肝酱。
还有卷好的烟叶,悄悄地放在桌上。
祖国,我的好老弟,偶尔也要尝一尝。
我们常常,就直接躺在地毯上。
等着下雨和饥饿,等着女武神的降临,
看着天花板慢慢降下又一点点升起。
那些日子,与现在都不一样,
我们常常一起上课,做饭,然后去酒吧。
坐黄色的公交车回家,同床共眠。
十二月的北欧,床褥和枕头总是温软,
我们玩得愉快,睡得香甜,直到天黑才渐渐醒来。

你就这样从我的生活中消失

十月里，上海有一场音乐节。
你和你的朋友们一起去玩。
你们坐在草地上，
看那些乐手，在台上摇摇晃晃
而他，冒冒失失地跑过来，
找你要一张餐巾纸。
问你，可不可以
加个微信。
你是个善良的人，
看他有点紧张，就笑了。
后来你们聊天，吃饭，做爱
再也没和我说过话。

乳 牙

裂隙出现在两个月前的莫名牙痛里。
当时，它还是牙缝里的一颗辣椒籽，
或者别的什么破烂玩意儿。
它长出嘴巴和牙，是在一个月前。
开始一点一点啃咬他的客厅沙发皮、
饭桌、床单乃至翻过的书页。
又过了五天，他在女友的嗓音里，
发现大群的啄木鸟正在集体野餐。
下一个雷雨天里，裂隙那绿色的，
毛茸茸湿乎乎的脚，终于
攀上了，他电脑的屏幕。
两天后，鼠妇们突然从洗手池里
冒出来，集体翻滚之后自杀。
昨天，他终于收拾好了钱包和钥匙，
连夜仓皇出逃。在医院里，
他得知，裂隙滋生于先天缺少的一颗龋齿。

那是一颗使用了二十五年的乳牙,
而非一具成年的健壮灵魂。

苍南县佳鑫食品厂

苍南县佳鑫食品厂的玲子,
每天和蒸汽交谈十二个小时,
商量如何烘干紫菜,用来织一个网。
网捞一些咸湿的钞票,给弟弟读书。
在那些被紫菜吃剩下的夜晚,
听他讲到课文里,威尼斯的贡多拉。
圣马可,叹息桥,威尼斯,贡多拉。
她想起镇上给人洗脚的理发师,
如无数条水道扭曲旋转的发廊灯,
以及荡漾在其中的胸罩商标。
在她堆满盆子的十人间宿舍,
毛发的缝隙中,她也不免想象,
穿行在维尼士水道之间的贡多拉。

而那包幸运的干紫菜,如蒙神恩。
辗转多次,坐上一条钢铁货轮
摆在了威尼斯亚洲超市的货架上
被一个跋涉了一整天的福建人揣进包里。
他的脖子像梁,腰带像坚硬的绳索。
醒来之前,他想再喝碗热汤。
而玲子,在这个被吃掉的夜晚里,
兴许是受到那遥远同胞的感召,
终于决定爬出紫菜所编织的陷阱,
来到威尼斯,脱下她所有的衣裤,
向着太阳与教堂,跳进深不见底的沟里,
成为贡多拉交错的诸多水道。

万圣节于五道口

万圣节，他，一个男人，络腮胡子，
来到位于宇宙中心的五道口，
推开城铁西北那座肯德基的玻璃门，
在一个桌前坐下，桌上满是吃剩的薯条。
他褪下黏满冷风的黑色冲锋衣，
从鼓囊囊的运动书包里，
拿出一本黄皮的书，
一个黄皮的梨，
像是在啃，一个坚硬冰凉的炸弹，
像是在吃，一个还没吃完，
且永远也吃不完的梨。
每一口都是一个庞大的unit。
我偷偷地看着他，心里想着我右边
身穿紫色大衣的姑娘，她已经推门出去，
我再也不会和她见面了。
此时，男人收起书，拿起梨，
背起包，推门出去，
张开漆黑的巨大翅膀。
此时此刻，地狱的豁口
在地球上所有咆哮的酒吧里绽放。

会奔跑的枇杷树

今天是2015年11月24日。
南方的暴雨已经下了一个星期，
漫过农民的蒜苗，
泡胀了江边的铜马。
酒楼纷纷关上灯，静悄悄地倒塌。
人们都急急忙忙地赶着回家。
母亲在仓库里抹着眼泪，
父亲正在哄着，
他们身患败血症的狗。

你像个老人一样在冬天跌倒,
再也无法奔跑。
体内的血,一点一点,
化成一摊灰色的雪,
钻进枇杷树下温暖湿润的土壤。

这时我走在北方的雪地,
雪抹进我冰凉的领子。
这个冬天太冷了,
我的眼里都是急着回家的人们。
我想起了好几年前,
在另一个所有人都回家了的夜晚。
我从一座睡着了的屋子里,
来到你的身旁,坐下。
你吸了吸鼻子,抬头看着我,
关于未来,我们无声聊了一宿。
那时,冬天好像从来不下雨,
你还是一只
矫健的肉食动物。

祖国很大

祖国很大,大到在地图上
把她也框进了同一个色块,
大到染黑了她的长发,涂褐了她的瞳仁。
大到我的手与她的皮肤,
只有一辆和谐号的距离。
大到让我们在从前的二十二年里从未谋面,
却能在仅剩下的两年里不停吻别。

祖国很大,大到比北京还大,
大到在这个扁平发皱的色块里,
竟装着那么多的档案与户籍,
高架桥和酒店,山川和稻田。

大到我们写同样的字,说同样的话,
晚上都能看到同样的新闻联播
大到在这么大的一个祖国里,
我抱着好多好多的纸,
却不能与她一起生活。

五 月

五月是一个情态动词。
喝了酒,我们多少有些失态。
所以事情简单得像月亮的光,
它悄悄漫过窗帘,
来到你薄弱的嘴唇上。

而我也知道,
月亮的光已经漫过了那么多年月。
影子一样瘦弱的记忆,
也会被它泡得鼓胀,
开始生长。

吴冕 的诗
WU MIAN

对不起

下过雷雨的午后
我们互相赤裸躺在床上
你躺在我的肚皮上睡着了
我对我的肚皮充满自信
它比起沙发
更柔软,平坦,且有我的温度
不过亲爱的
还是要对你说对不起
我们现在还买不起
真皮沙发

食欲的产生

整个下午,我和朋友都没有吃饭
按照分配,我们俩每人一张饼
我吃完了我的那份
还是没有吃饱
有一个瞬间,我竟然产生了
吃掉朋友的那张饼的想法
我知道那是因为欲望
准确点说是食欲
就在刚才那个瞬间
远古世界阴暗的山洞里
我的祖先,一个猿人的
食欲穿越百万年
抵达我的大脑
指使我吃掉那张饼

蚯 蚓

花园旁的水泥地上
躺着一只
被晒死的蚯蚓
它像一根药材一样
安静地躺在那里
几个小时以前
花园里的喷头
开始洒水
它误以为
外面正在下雨
等它爬出土地
才发现外面烈日当头
这样的事情
曾经许多次
发生在我的身上
幸运的是
每当我像这只蚯蚓一样
被晒成干尸以后
一些不知好歹的希望
又使我
活了过来

灵 魂

北方夏天的深夜
刚刚下过一场雷雨
大地陷入沉寂
星辰布满夜空
我站在一座古代的桥上
随时准备把自己投下去
一个蓝色的小男孩

缓缓从我身体里跳出来
逃走了

童　话

黑色的夜空下
抹香鲸从月亮旁游移而过
月亮下的圆形小岛上
黑熊们正在举行一场游泳比赛
你瞧，它们褐色的皮毛被海水浸湿了
往下滴答着水
你瞧，它们又潜下了身子
到海里捕鱼去了
五颜六色的，环肥燕瘦的鱼儿
让它们一次吃了个饱
不过可惜，可惜呐
就差一棵大树
就差一些蜂蜜
不然，我要爬上这棵大树
把金黄色的蜂蜜
全部涂在月亮周围
偏偏不给黑熊

跟一个摄像头对视

在公交车上
我跟一个摄像头对视
从太阳初升
一直持续到天色变暗
我一直坐在我的位置
一动不动，一言不发
车上的人什么时候不见了
我没注意

司机什么时候不见了
我也没注意
反正,公交车还在往前开
反正,公交车总得往前开
我依旧保持我原来的姿势
不过我的额头开始
涔涔地往外冒汗
就连身体
也战栗起来了
终于,我忍无可忍
猛地站了起来
一拳打穿摄像头上方的铁板
把藏在里面
的那个人
一把揪了出来

一把伞倒下了

屋子里一把伞
突然倒下了
发出嘭的声响
是风吗
还是因为
别的什么
因为未知的原因
一把伞倒下了
发出了嘭的声响

世界上
每天都有
无数把伞倒下
发出无数声
嘭嘭嘭的声响
不过就算它们发出了

再怎么多的声响
那也跟
我刚才听到的
那声嘭　不一样

计算题

一家人吃年夜饭
我去厨房数筷子：
大舅一家三口
二舅一家三口
我们一家三口
外爷一家两口
减去因心肌梗塞死去的外婆
再减去因肝癌死去的大舅
3乘3加2减1再减1
……
等于9
小心翼翼地数出18只筷子
我满怀敬畏之情
又突然觉得数筷子这件事
竟然变得如此神圣

刘郎 的诗
LIU LANG

给张小夏

像你在夜色下闲坐，
我也是这样。四月了，天越来越暖和
我穿短裤衩，
你穿，粉红色睡裙
我们坐在门口
蚊虫比若魔法，被谁
突然变出来

好久没有这样悠闲过了，
我和你、
和一群蚊子
相处和谐
或许生活本该如此。我们彼此了解
就像，
蚊子了解我们一样

它们知道
我们什么地方最软弱
什么地方，最容易流出血来

听鸟叫

午睡起来，听到有不知名的鸟
在窗外叫。
除了极其熟悉的几种

我向来无法从叫声中
分辨出它们
这可能源于我的懒。也可能源于

我听不懂它们叫的什么。但
这又有什么关系呢,
我喜欢它们

我喜欢它们在我家的窗外叫
我喜欢不管它们叫什么我都听不懂

孤独有多长

她们在群里讨论
一部电影,说
四个小时那么长,终于看完了。
我喝酒醉了,
睡着了又醒来。

我睡觉的一段时间,她们
正好把电影看完。她们
说:电影四个小时。我
表达我的惊呼:那么长啊
其实,我一点也不吃惊

窗外夜色浓密,从窗口出去的光
很快折返回来,
照着我的颓唐,与焦虑
那么多人活在一部电影里啊
太短了怎么讲得明白。

太短了,怎么能展示出,
我在这长夜里,空坐的孤独

还乡记

杨树和槐树都是光秃秃的
榆树也是,泡桐也是
我站在村子中间,向上看

天也是光秃秃的。
没有云,没有鸟飞过
没有非落不可的雪

只有麦苗是绿色的
只有它的绿新鲜、饱满
自村子四周,向远方蔓延开去

看不到边的绿啊
看不到边的荒凉与繁茂

大 雪

当我说故乡。当我说
我爱她。你可知我的虚假

大雪覆盖的平原,什么都看不到
除了我的脚印。当我说,妈妈,我饿了

大雪覆盖的平原,什么都看不到。
除了炊烟。除了箩筐外的麻雀

大雪覆盖的平原啊,
一片空白。脚印被新雪掩埋

不可能

我们不可能,一下子就
跳到夜色里去
尽管,有时候觉得,是突然置身其中的

就像此刻。
我躺在午夜十二点钟的静穆里,回想
早晨干了什么

中午干了什么
下午干了什么

什么都没有。
从一个夜色跳到另一个夜色,多么虚幻啊
从一个人,
从陌生,
到更加陌生。

穿

我用眼睛盯着一处看,
玻璃门,
穿过去,
水泥坪,
散乱的单车,
穿过去,
小汽车一字排开,
没有发动的它们,
像坐在蒲团上的入寂老僧,
穿过去,
工厂后墙上的废水循环机,
穿过去,
哦,耸立的水泥厂房,
穿过去,
张小夏坐在工作台边,
穿不动了,
她眼睛望着我看她的方向

我这样想象:
她穿过水泥厂房的后墙,
一眼看到,
我在工业园食堂的厨房里,
给她煮午饭。

有 约

天气预报说,
以后的六天都有雨
从周一到周六,真让人期待
我将拥有六个被雨淋湿的日子

天气预报真准啊
说着说着天就开始恍惚了
说着说着,
雨就下了起来

我喜欢这样如约而至的感觉
张小夏,说好了
等到周日那天的好天气
我们带孩子
去植物园

多 余

夜色只是简单的黑
没有其他什么,值得探寻

星星只是简单地亮着
它仅仅照见自己,就够了

窗外的树只是简单地站在那里
除了是树,它什么也不是

那么,我也只是我就好了
可当我望着这一切,我就是多余的那一部分

我越来越恨我自己了
只是简单地恨。我的恨是多余的那一部分

伍小影 的诗
LU XIAOYING

我不写诗

我不写诗
我写字
其实我也不是写字
我自言自语

伍小影在敲键盘
她会替我回车

她命令闪烁
以及
闪烁之后的事

盛 夏

去年夏天
剪短的头发
今年已经
又长长
她也不去剪了
剩下的
任它长了

正 午

穿过烈日下
空无一人的停车场
去买一杯冰咖啡

然后往回
一路上都有咖啡香
以及眼睑或鼻翼间
沁出的汗水
越来越亮

她 说

我喜欢
读寂寞的人写的
我喜欢寂寞的人
写的不论什么
因为寂寞
不为任何人写
因为寂寞甚至
不写

现在我躺着

现在我躺着
几乎不动
感觉到新的
睡意
正一点点
从鼻息间升起
空气里
那些声音
离得有些远了
呈现出
半明半暗的
漂浮
这个时候
没人会来干扰我

是因为我也
不干扰我自己么

傍　晚

傍晚
有鸟儿叫
有个人
说话
说话的
都在外面
你不说话
你是向内地
经过又
经过
一颗心脏
你也砰砰响

徒　劳

你得去沙地上
寻点什么
你拿竹篮子去打水。
你喉咙里的
一株无花果树
嘶哑地被消灭。

沿着一束光

想象
沿着一束光
加速

仿佛
不动
仿佛
纹丝不动
这是
眼睛
这是
耳朵
这是一个大写的
寂静
清清楚楚
在
俯身之中

幸福的人是幸福的

你不幸福
是因为上帝
也请过你
去他家做客
你们聊天
喝酒，听音乐
后来不知道说到哪儿
总之敲门的声音
越来越响
像
坏掉的抽水马桶
你不停地
漏出去
漏出去

一个晚上

灯光很亮
艾米莉照了一下
还是决定
退出去
一直退到
光亮不到的地方

西西弗斯

西西弗斯有很多
石头
下雨的清晨
雨点就那么
轻轻地
落在上面
有那么一两回
还落过雪

杏黄天 的诗
XING HUANGTIAN

乌鸦喝水

教科书的寓教诲戒如此：应当向聪明的乌鸦学习，这样就会有水喝。

可这只乌鸦很是愚蠢，或者说，它想不恰当地使用暴力。
它砸碎瓶子，它当然喝不到水。
它更喜欢看瓶子破碎，水流出。

不是所有的乌鸦口渴时碰到的都是瓶子与水的问题。
有些乌鸦直到渴死既没有瓶子可加入石子也没有机会可使用暴力。

乌鸦开始歌唱：恐惧比预料的来得要早些

突然感觉害怕，面对这个没有声音与只有嘶喊的丛林
活物对我早已避之不及，这我知道
可是近来，那么多死尸
他们也开始有厌弃我的迹象

这让我感觉从没有过的害怕
在活物眼中我即是噩梦
这我知道。但死尸他们不应当这样

难道这些提前死于恐惧绝望的尸首已经决意如此了结？

清明前纪事

昨晚梦见死去的亲人。他们都重新组织了自己的生活——
免于遭受丧失之苦。依照活着的我的愿望

想爸爸——TO CH

真的,我没有他们想象的那么悲伤。也不觉得没有见最后一面
有什么特别遗憾

在这个世界上,我还有酒精中毒的弟弟——医生说
如果再次发作他就会死
妈妈,你也不要太悲伤

他是我们的爸爸啊,无论如何,我们都不能太悲伤
如果我悲伤死去,这个世界
还会有谁记得他

雨天怀人:废墟之下,爱之上

你是要来青海玉树吗,远方的兄弟
青稞,经幡,牦牛和金顶上的鸽子
请记得代我迎接这个人
他是我的饮血的兄弟

请给他铁锹,挖出我的尸体
青稞,经幡,牦牛和金顶上的鸽子
他不需要休息
这样他就可以救出更多我的兄弟

请他也为我寻找我的孩子和爱人
青稞,经幡,牦牛和金顶上的鸽子
如果他们还活着
他们需要食物和房子

请他的双手不要停止
青稞,经幡,牦牛和金顶上的鸽子
即使他的双手流血

这样他就可以找到我的孩子和爱人

你是要来青海玉树吗,远方的兄弟
青稞,经幡,牦牛和金顶上的鸽子
请记得代我迎接这个人
他是我的饮血的兄弟

回不去了

然后,他们就都找不到家了
都呆在水泥屋里
而他们是活着的
却要看,高的水泥屋代替低的水泥屋
昨天还视而不见的那人
今天就真不见了

而他们,为什么还要为那死去的活着
唱赞歌
就像他们为活着的死去
找归宿

归于无限

他将桃枝埋在院内,像埋藏稀世的珍宝。为影子寻找在世间可以行走的肉身
它们终究发芽

浇水。施肥。像喂养又一个先天缺陷的孩子
他对着破土而出的嫩芽呼气
月光冰凉
背痛

他累了,但他从来不说。他发呆的时间越来越长,他其实不喜欢
那些云朵,不停地变幻脸色

他知道他们中有一些成了桃树的一部分，成为桃树一部分的还有
一些是泥土
他说他也会成为桃树的一部分。如果是桃叶
就提前落了

可以装订成厚厚的一大本书，包括逗号、句号、感叹号、省略号
也可以从一开始就是一本书
为取暖，一页一页地
烧掉

逗号、句号、感叹号、省略号一并随之而去

冬天终究要来，他已做好与他们团聚的准备
拿出一串暗红的桃核
戴上

他说
夜路远行，需要避邪
需要提前练习属于自己的死亡，而不是惊慌失措；需要将爱与恨提前兑换为
淡淡的思念
而不是徒劳
悲伤

以何避免

长度是可以轮回的，一如这个句子
高低也是可以轮回的，一如这首诗中的声音

更严重的问题还在于，气息也轮回
它们在寻找心

张凤霞 的诗
ZHANG FENGXIA

单色笔

你说着云层，厚度，堆积，
我说着传承，断代，精神，
我们各有一半说词。

用汉语擦玻璃，
用悲观的乐观主义拖地，
我犯着家庭妇女的强迫症。

我的情绪比色彩浓烈，
我在一道黯淡的大门内，
画错移的骨骼，扭曲的筋络。

我的阴郁发光，点缀了些
陀思妥耶夫斯基主义，还悄悄爱上
一部关于人类的历史，爱上

碎片，哭泣，心绞痛，
偏头痛。我把它们拼成画，然后用
一支单色笔，抹掉我的全部。

我的诗下起了小雨

如果我想变成两个人，
我就把身上的外衣挂在衣架，
或移到窗外，
幻化风的形状。看她

替我跳舞，
替我挪动阴影。

我扭转月亮的身体,
散掉一袭风尘。

我们在梦里分开,你带走我的气息,
我依旧纠缠于失眠。
一本没有翻完的书,在夜色中
保持着原来的姿势。

我用黑暗中余下的眼神,
注视你的空洞。我在另一个世界,
裹住我灵魂的外衣,
我的诗,下起了小雨。

亲爱的我,你是虚无的

亲爱的我,有一天,我在
讣告里看见你,没有姓氏,没有简介,
我讲完你的故事,最后一次为你
梦想的部分,哭泣。

亲爱的我,我的右手
比任何时候温暖,我的左手
抚在你的额头。你要知道,
你一直是一个人,一直都是。

亲爱的我,你曾在肥皂泡里
走私你的生活与意图,在虚无中
偷窃孤独,阴影里它们直接碎成碎片。
现在,你终于与它们和解。

亲爱的我,从她到她,你涵盖了
她命运的全部,你的灵魂漂浮水面,
你的名字随波流走,
你是虚无的。

平台上晒着用旧的时间

平台上晒着用旧的时间，
它们像灵魂脱下的衣服，
一件、两件、三件。
三个语气干巴的词，
被紫外线切得很薄很脆。
秃鹫按时盘旋于天上，
有序地从山上走下来。

衣服上的声音早已褪色，
缩在一本经书里，
人们静坐在山坡上，
从秋色中把它们翻译出来。
那些灵魂一定还在空中俯视，
看自己的衣服化为乌有，
归于尘。

我站在那儿，遇见了
我的形式主义，
忘记了我的疼痛、我的尖叫，
还有臃肿的欲望，
我轻得能和秃鹫一起
飞起来。

没有人想另一个人

深色浅色，艳色浊色，
以及冷色暖色，
现在，我有春夏秋冬，
我把自己从头发赞美到脚趾。

其实，早在几十年前，
我已死去，记录我历史的书，

在昨天，我刚好看完，我发现
那时，我的世界死得不够快。

也许，我的明天是个疯人院，
是或不是，我不想知道，
我的色彩，轻或重，
仅在我一念之间。

走吧，一直走，走到月亮上
的无处之境，以一千里的速度，
大声尖叫，月亮，月亮，
回声里，没有人想另一个人。

我在自己的左边

表情在一个地方，
微笑在另一个地方，
一首诗在多个地方。
我站在我的工笔画前，
只剩下一副骨架。

如果它们离开，
我会衰老得很快，
我在他们不涉足的地方，
画一幅肖像，
我在自己的左边，
自己在我的右边。

或许，我会消失
在自己的左右，
消失在我的远方，种下
扁豆，苦瓜和俏美人。

梯 级

向天上伸展。它腰身挺直,
双手插入云的内部。
它有高寒的境界,
却也抚摸柔软的部分。

梯级。一个先知的孤独
填满了它。

它冷漠到不关心后来者的脚步和呼吸,
提前把我们要走的路先走了一遍。

平静不动声色,陡峭穿肠而过。
五百个梯级正将极度的耐心
漫延于我。

你的高度引领我。
我和你四目深凝,
不偏不倚,植入对方。
我登上了我的仰望。

胖荣 的诗

画村庄

用荒草来画你的毛发
用蓑衣来画你的脊背
用炊烟来画你的脸庞
画出你的朴实,咳嗽和悲喜
你还会不会凋零

我还想用
白雪画出你的衰老
泪水画出你的生死
经文画出你的轮回
……

我已经无力再画了
既然都不圆满
就把眼睛,耳朵,鼻子和嘴巴
留成空白

木偶戏

锣鼓响了很久
地主出场了
媒婆出场了
喜剧和悲剧出场了
台下观众稀少
打工的人走了
做客的人走了
送葬的人走了

木偶的提线深埋人间

问　候

村口坐着几个老人，几个孩子
缓慢而安静，天空蓝得没有云朵

我先问老人，问问他的身体
再问孩子，最后问，流出村子的河流

每问一次，就像他们和厦门
上海的家人，在通电话

每问一次，都会有电话中
那短暂的沉默

大鼓山

这里有草原，断崖和鼓面
被牛羊啃过的青草
贴着地面
这都不是全部
在夕阳消失的地方
霞光映照着孤峰
就像上帝
宽恕了我们

暴雨书

将，落在雨棚上的雨
听成了，奔跑的马匹

将，均溪河的水
看成了，奔腾的黄河水

愿，所有急匆匆的雨滴
都有归宿

愿，所有打伞的人，在人海中
找到你所爱的人

春　燕

我在白岩塔上
静观远山
一群燕子从我
头顶飞过去
它们像
从我的眼中飞出
去看山中
无声的落花
燕子消失的地方
一轮明月
挂上白岩塔

天色渐渐暗下来

天渐渐暗下来的时候
我在散步。我的无所事事被
均溪河柔软得像一团棉花
我就像这河水一样走着，不用
想太多。想多了，你也控制不住
这薄暮中暗下来的力。一群人
围在桥上看别人跳河，他们活得
那么认真。把茶桌上，饭局间，办公室
的话题，通通准备到位。当然
我也可以像他们一样，认真一点

回家的时候告诉妻子
有一个人从河上跳了下去

这时候，一轮明月刚刚爬上我们的窗

老屋志

屋顶的瓦缝，长出了青草
那是，从父亲的骨骼中
长出来的
治好了，他的咳嗽和坏脾气

灶膛里的柴火，熄灭多年
我们三姐弟，坐在饭桌前
等着出锅的河鱼
灶台前，再不见挥动锅铲的姿势

我的房间，布满了蜘蛛网
窗台上的磁带和日记本
保持我出走的姿势
这是，姐姐送我的礼物

里屋的锄头锈迹斑斑
五个姑姑都嫁了，我们搬进城里
忘在凹背篥的草帽和歌声已经腐烂
田间，只有鸟儿的叫声，越来越响

香案上落满了灰尘
后山又添了新坟
三十年过去，只有屋后的老棕树，清翠依然
这是我遇见的，唯一的亲人

灰狗 的诗
HUI GOU

干净的地方有什么

我要去一个干净的地方
那里有干净的食物干净的河流
干净的袜子，干净的牙齿
干干净净的女人碰巧还能碰到
干净的灵魂。但我要灵魂做什么？
我要去一个干净的地方
那个地方最好
干净得什么都没有

夜色温柔

那里安静得
一个人也没有
天上开始飘落
零星的雨点
我感觉到了它
宝石上开阔的光亮
在深夜的公园里
我喝光了手里的啤酒

但目力所及
只有站牌，树木，房屋
黑暗的角落
坐着一个人
他看起来好像
内心深处特别特别牛逼

喜 欢

阳光穿过
干净的
玻璃
落在
床单上
我喜欢阳光
穿过玻璃
落在
干净的
床单上
落在
你熟睡的裸体上
一小块光斑
我看着你
你也正好
醒来

五 月

夜晚的风
从阳台吹进来
一个多年
没见的朋友
失踪了
你很快就会忘记
除非他
再次出现
他看着躺在床上的人
即将到来的死
哭了
那个韩国人
割断了木偶般的线条

血是一种表现残酷的手法
用来说明
一个人
要获得自己的生活
不是容易的事

忘了是汉口还是汉阳

当时天快黑了
路灯发出昏黄的光
马路边的房子都很矮
很旧还很老
许多人推着货物
往码头上走
他们坐在
靠近江边的护墙上
对面是派出所
天气有点冷
他们盔紧衣服抽烟
指着派出所说笑
好像在等朋友
从里面出来

三月的叙事体

她拿着
我买的雪糕
站在台阶上
专心地拆开包装纸
咬了一口
才肯抬起头
跟我走

于小斜 的诗

远远的

我看见一辆长途大巴从坡上的服务区缓缓地驶出来,并进高速公路
我看见山是光的,山上有树,但,树也是光的
我看见开阔和空旷以及灰褐色,凉亭在山顶
不止一个凉亭不止,一个,山顶
小瑜说看啊!那是
神殿

窗 外

很硬的风刮过
软的柳条
很满的光
笼罩
视线内的柳树
我写过这棵
树

"每一根枝条,都在
阳光里
每一根,都是
亮的"

做一个知难而退的人

如果不需要出门,我可以一直
待在家里。如果
小瑜能自己安静地玩上一会
我可能会坐到电脑前,试图
写一两首诗
没有什么是想写的,在
不知道写什么

的时候,我
通常会将头扭向,窗外
窗外是与视线持平的一棵
桃树,光秃秃的枝桠
春风,应该可以叫做春风了吧?
立春已过
春风几乎,没有吹动桃枝
但可以看见它
后面的一棵柳树
柳条在
微微拂动

茫茫众生,一个人如愿死去

你们都在转
一个死去的人
写的诗
拍的影像
我在看
除了看
没有什么可做的
阳光灿烂
不得不说
有时候世界是美丽、安静的
茫茫众生
一个人
如愿死去

一天用来做什么?

1989年
夏天
隔开家属区和学院区的围栏

还在
你躺在床上，发
高烧
你的父亲对你的母亲说：
看，这孩子
眼睛烧得
炯炯有神

现在你，躺在自己的家里
头
不疼了
阳光没有形成光线
照进来
无处不在
安静的
上午
一些生与死
仿佛"蜻蜓点水"

午 后

光线凝固
在一个时段你
正在发呆
系着围裙
手突然停下来
垂在水槽里
水槽里有
一条鱼和
一把
收拾鱼的
利器

涂拥 的诗
TU YONG

鸡鸣三省

不知是哪省雄鸡先叫,众鸡昂首附和
比白纸黑字奏效,比高速公路跑得快
三省都赶紧天亮
生怕亮迟了,外省桃花抢先开了
一只什么样的鸡呀?黑着眼睛
天都看不见虫跳,自己就率先亮了
依次醒过来的有:山峰,河流,深谷
最后才是我
我还在纠结于刚才这一声鸡叫
来自云南,贵州,还是四川
但饲养了一生的雄鸡,迫不及待
也想跑出来,亮亮嗓子了

空城记

门店关闭,车马远行,最后一只瘸腿的蚂蚁
也挪向了城门
留我在空荡城中,读书,冥想,守岁
通过微信,看各路大军
攻陷景区,在迈不出步的高速路上
晒太阳,遛着狗撒野
而此时城内,大雪纷纷
诸葛先生鹅毛扇抡起,谈笑间
我搬来炉火,煨煮诗酒
想象琵琶声急,守城有责
这纸糊的江山呀,我必须
垒得严实,草木茂盛
再画一些花鸟,等待归来的市民
误认为川南已春

白发吟

不能再拔了,再拔我就无发了
无法,不可能再无天了
白云埋进雾里
天下父母,还在继续老
而小孩掉进嘴里的鼻涕
一伸一缩间,闪亮乡间上学路上
日子崎岖
我必须忍住,忍住自己长出白发
实在摁不住了,也要大喊一声
你要长,也不要长成
白来人间

高棉的微笑

我数过了,巴戎寺的49座四面佛像
确实个个都在微笑
安详地舒展了,景区周围
那些被战火带走双腿而紧锁的眉头
同时也再次闪亮暹粒的舞台灯光
善神长生不老
贫穷的苔藓、疾病的荆棘爬满了山坡
千年的石头仍然长出微笑
雍容而安静的力量
摁住万物躁动,抵达心房
就连山脚下一只路过的野猫
也蹑手蹑脚,我也一样
似乎都想成为第50座佛像

土狗儿

在乡下,我习惯了那种靠近房屋
必有汪汪的狂吠,隔着几条田埂

便开始响亮地警告
有无圈套也不重要
只要面目一新,它的姿势
一定是奔扑而上,不管你手中有棍
还是心中藏刀
贫血的年代,还能充当一种大餐
为你输血,辘辘饥肠
但今天,我上山下乡,土狗儿少了
一些宠物狗开始农村安家
尽管失宠,但仍然不会护院看家
见了生人,还摇头晃脑
让我忘不了出生在广州
过年回乡的15岁侄子,骄傲地说
他已知道,豌豆没有结在树上

痒

我的痒先是抓醒了妻子,接着是夜
后来就让许多人睡不着了,似乎大祸来临
临近秋日,中年的水分干枯,雾霾渐多
一个小疱抓开之后,竟然能擦伤几层岁月
缺水之鱼难免挣扎
而骨节又渐渐僵硬,我挠不了身后
只好祈祷,背击烂泥
和人们用来比喻的南墙
厚实的墙直抵内心
也许我停止抓耳挠腮,人间会安静许多
但痛痒往往夜里发作,原谅我
必须点亮一盏灯

朗 读

站在台上,我做不到牡丹的从容
秋风刮得普通话无法稳当、连贯

像那年开车翻越川藏线
结果折多山下，人和车都遭遇高反
川音平缓，通过丘陵代替起伏情感
我曾试着要将自己大声喊出来
可惜盆地边沿太高
外面耳朵，伸得太短
不管怎样朗读，都难以准确表达
我从春调整到秋，耗时五十年
还是达不到播音效果
那种一字一句，复述别人语言

张牧宇 的诗

雪落人间

仿佛山河破碎,白茫茫地落下来
覆盖了另一重山河
但我不能陷入
不能被一场惊泣的大雪掩埋
养育过的爱情尚温,热泪尚可流淌
爱人
我还有悲伤可以动用
在今生更好地热爱人间

镜 像

她擦拭着刚刚洗过的身体
几乎是偶然发现镜中的自己
灯光昏暗,一幅赝品油画
悬挂在镜子对面的床头,有一半
进入到镜中
她扭转头,打开浴巾
头发湿漉漉的,身体饱满,皮肤充满弹性
有着中年丰腴的小腹和臀部
她收了收腹,抬头挺胸
旅馆的窗帘垂着,阳光被阻在窗外
空调嗡嗡的响声听起来好像时间停止了一般
她被框在镜中,恰如其分地成为画面本身
她扭头看了好一会
颈椎酸痛身体紧张,使她放弃了短暂的注视
她拉开窗帘,午后的阳光哗一下扑进来
她想:
该出去走走了,趁着阳光尚未落进黑暗

春天是轻的

风吹过的时候,深冬笼罩下的人
感受到的依然是静止和凛冽
而风吹过山冈,并非什么都没有留下
风穿过结冰的湖水,撩拨树木沉睡的枝条
大地伸出毛茸茸的手指,画出草长莺飞
春天打开热爱:
杏花、桃花、梨花蝴蝶一样飞上枝头
风一吹,花朵轻轻抖开裙角
心怀苍茫的人,已将苍茫放下

我爱你

我的余情不多
刚好够爱剩下的岁月
有时候我会凛冽,孤绝
没有讨好之态
看啊——那个自私的人
许多人这样责备我。请原谅
我活着
我找到自己,并告诉你
(如果你也是你自己)
我爱你。哪怕是你
留下的孤独和沧桑

对谈有寄

我们谈起栖居的小城
风声穿过原野上的树木和贫瘠的草原
抵达林立的高楼时呜呜作响
我们依然充满诗意
坐在云雀酒吧柔软的沙发上

一场雪落下来,覆盖冬日的硬冷
我们甚至谈起生的源头和前世衍至的密码
万物有灵,不可解
而相聚在一起的诗人,站在话筒前
诵读各自的故乡

酒杯轻碰,归途有期

冬日偶然的一天

世界只剩下灰白
漫长的冬季清冷而空凉
翻开一本书,夹页里掉出一枚花瓣
一片叶子静静地在另一页夹缝间

那时的我和它们
都很好看,水波活泼泼地流转
从不考虑什么是消逝
它们经过我的手,连同当时的情怀
随意夹进尘封的书页

此时正大雪
想起那些徒然增长的时日
而忽然心生悲伤

安波的夜晚

牙月低悬,很快就落了下去
浅淡,无声
人们早已习惯盈亏,并未惊叹
只有我
心里发出巨大的声响

我的爱显得轻浮
可是若你知道我爱得有多深
就会理解我的慌张
风吹过梧桐宽大的树叶
裙角微微飘动，安波小镇的夜晚
星辰涌动
一颗有一颗的道理，多少年了
流星也有流星的道理

年终症

紧张感自后背传来
延展到肩部，颈部，接着
整个头部也紧张起来

午后三点半
我提着它晃动手臂，头颈
减少衣物的束缚
光线很快消逝在黑暗之中

仍不能阻止焦虑。
水逆又开始了，除了回忆
许多事物悬而未果
而一场雾霾，从南至北
不容置疑而虚幻地蔓延过来

魏荣冰 的诗
WEI RONGBING

在坎子山听蝉

如一架云梯,通往天堂
我在云雾里以双手摆渡
云团环绕在身边
堆积一种单向度的白
消弭了世界的对立性

我体内的黑白二元结构
构成了与一座山的对峙
危石如累卵,比岁月更稳定
作为呼应,我交替伸出双手
试图抚平胸间涨落的潮水

与身体的日渐陷落相反
一座山带来新的海拔
沿着九曲山路吃力地攀爬
坎子山牛角般的峰峦
抬升一片惊世骇俗的蓝

蝉鸣是坎子山唯一的路标
童年时与我厮守每个夏天的蝉
它们用坎子山独一无二的元音
颠覆了我三十年的生物学认知
以及在城市里虚构的优越感

幸福路抢修报告

幸福路K7+520米处发生塌陷
汽车、自行车、三轮车,还有行人

趁着夜色急速坠入，数量不详
工程师说："地球的血管缺血。"

救护车、消防车、警车呼啸而来
各路官员和专家赶赴现场
大型机械塞满了幸福路
午夜的灯光变幻着抢救和抢修方案

凌晨时分，最后一批伤员
抬出地面，施工机械开进工地
挖掘机向地下伸出长臂
像婴儿死死抓住母亲的乳房

一个被救起来的残疾人泪流满面
他的轮椅撞得变了形，摆在身后
如同一张老旧的身份证
他的脸上不停地渗出污血

有人喊道：还不赶快送医
那年轻男人不断地摇头
像加足马力的挖掘机一样怒吼
"我的身体塌了，我的命也塌了！"

南山的青草

母亲每天都去南山割草
四十多个春天和秋天
倒伏在母亲的霜刃下
青草匍匐，母亲匍匐

傍晚，一阵风刮过南山
母亲一声叹息，落日坠落
坠落的还有母亲枯草般的白发
长期匍匐的碎日子停止了

母亲倒伏在南山的土冈上
在大理石和青草的夹角里
摆放着母亲的空竹篮
竹篮里装着弯月亮和矩形星空

南山的青草环绕着母亲
我倒伏在母亲的墓前
在绵延起伏的青草里
我像一株被连根拔起的杂草

小女孩儿

白鹭飞来的这条河流
有着动人的速度:生命在于节奏
昨夜的秘密装进蔷薇色的信封
打开丛生的新事物:列队加入

一段山脉隐居在目光尽头
像一个不习惯打扮的人,颈项间
围着乳白色的六点钟。你
从河水中看到的镜像,更接近真实

树篱修剪整齐,水草漫过
脚踝。晨练的老人拉长了弧度
很多人低头走过,他们心事重重
犹如剧院里正在上演的时光剪影

一个扎着蝴蝶结的小女孩儿
在土堆旁,用一小杯水浇灌大地
阳光从石榴树枝叶间漏下
照亮了她金黄色的发丝

幸福的声音

冰块袒露着内敛的晶莹
雪末抽打低空的面庞
河川里的风屏住了呼吸
淙淙水流，隔着冰层
被阳光用一万根针轻轻地扎醒

春天是一句怯怯的诺言
雪水与浅绿，掩盖旧年的脚印
东风第一枝，无法寻觅
夜色破茧而出
大地低低地呻吟

山峰割断地平线
头戴永恒的一冠湛蓝
树木、岩石，掩映累累巢穴
一只鹰在空中盘旋
它以一声长鸣，令万物绽放

将烟火人间丢弃在背后
撤退到红尘的尽头
留下星空、传说，和你
高亢起伏的单音节词
重新命名门外的世界

风　筝

二月的水草长满天空
红嘴鸥向风筝学习跳伞
沙滩从河流中升起露台
抬头，低头，放线，收线
红嘴鸥啄走一个孩子的童年

天河在县城的左腰拐弯
摩天大厦从右岸围起栅栏
人流如叶子，飘落街头
每一根灼伤脚趾的阳光
都让回忆重结一次痂

水声，是大地的遗言
沙石一遍遍地书写
红嘴鸥完成恰当的断句
放飞风筝，孩子用一根线拉住天空
生命的奥秘源自一次阅读

孩子的瞳仁落满时间
隔岸的灯火，还没有亮起
有羽毛的河滩：人类的寓言
在返身回来的路上
手中只剩下一弯新月

七月初四武银高速遇雨

谁一扬手，撒出一把钉子
像闪电一样掠过头顶
尖锐的呼啸声
是故乡羽翼未丰的问候

锋利的言辞未经修饰
铁屑一般散落
在汽车顶棚上敲，叮当作响
唯一的过客，加剧了沉默

武银高速变幻汉江的身段
无数条铁轨从天空中垂下
闪电放射出炫目的光弧
大地遍布工厂，上演打击乐

城市的灯火等在远方
我不断地逼近极速
身怀利器的人,脸庞隐到雨幕之后
天地间只剩下一片打铁声

映 像

穿过悬索桥的弧形桥孔
白鹭带来镜子的速度
万物在河水里倒映面庞
循河畔行走的人加入它们

时间是我和你之间的距离
隔着三月、胸针,以及生死
从天地之间提取一个尺度
每一次疾走,都是为了停留

唯有河流,冲洗柔软的内心
流过小城腹部,向南拐弯
乡音、跌宕身世和多变心思
淤积,长出炊烟和离离禾黍

如你所知:生命里布满水声
斟一杯湛蓝,擦洗日子和天空
北纬三十三度,一只白鹭降落
自由落体,摇晃万物的映像

白左 的诗
BAI ZUO

怜悯

所幸是个月圆之夜

你看得见的事物
都不在我眼里
我们几乎没有面对面
连做爱
都交叉着脑袋

彼此都如此清明
都不急于归附
月亮凿出来的人间

无辜

好明显的
秋

多成熟的季节啊
寡言而谦逊
偶尔小小的
反复无常的贪婪
可以让果实
对舌头作出不同程度的屈服

根茎不想要纤弱的表达
树叶凋零
得有风度
有风
有无可预告的可能性的胎死腹中

花点力气吧
不止是吮吸和向内吞咽

要舔
舔出来的缺点
别叫出来

没有必要怀有拯救之心
你不该得到
你不该丢弃了又去拣

赤脚行走在野外
脚底不会流血
汗水也是多余的
不能勒令口中的二氧化碳
吸进去的氧气
不是给你的
不是植物的本意

24岁的妄念

头颅沉重
下颚抵住锁骨

耳朵听不到的眼睛也不需要看到
黏稠的告白推动过期的爱
一个身体，
不止是我的身体
停止搜刮

来自本命年的
过季的草根
引诱我手掌上的
那匹骏马

那一天的早晨与傍晚互居为两片温厚的唇
那一天的所有沉默都为我
在寂静中反观寂静

临端午，靠山

山上露水厚重
鸟声轻重无序
下了一场饱满的雨
下给北方的黑土地
植被要茂密

早晨的街道
叫卖烧饼的过了
叫卖豆腐的过了
叫卖粽子的正好过来

是竹扁担
也是竹叶
是糯米，
盐和糖的比例不一样
一般纯白的食材
养胃，悦目

见纯白之物而纯情
敢和一切陌生沾亲带故

类似这样一觉醒来
见到一个屋檐下的另外一个女人
好像遇见生母

春寒之夜

这样，
差不多半年
领受了京城近乎半年的冷
要不是骨子硬

大概不会
从内到外
从头到尾
表白：
一个南方的女人，
受了北方半年的冷
没有怀上一丝恨

这样，
凌晨三点的风
吹起来已不伤肌肤
风里没有裹盐
蜜，是更没有的
而情话，有
比如他说的
要护我一世周全
这样想着，感觉风中藏毒

这样，
不用再见
也不用怀念
在遥远的北方
独自任头发
一点一点长

眼下是三月
三月才好
天气回暖
试着种一些植物
植物在低处
大风吹不伤
而我在凌晨
硬撑展着脊梁

晨 雪

终于下雪了,茫茫的雪
漫漫,纷乱
一场浩浩荡荡的
腾空的
耳鬓厮磨
可是人间佳话
可掺世间疾苦

站在橱窗里的女人
呼吸,眨眼
两臂相盘
领受这场雪:
浪漫是某日看着雪
自己想要亲吻自己的冲动

这样独自凝望
与天地间任何一根枯木
都可老死不相忘

时钟之刑

1440圈
这是墙上的时钟一天里走的

这个房间里从不气馁的活物
它在墙上挥着无形的刀

你不能讨价还价
每一刀都是公正的
包括那些落在你身上的

你早上出门
晚上进门

不忘看看手中拎的东西
有没有哪一件显得
比较无辜

这么多年来你终于
舍得责备自己
这么多年来
你牵累太多
你的肌肤和心脏
都很享受每天1440圈
里的60刀

度　日

在北京
冬天过后就是夏
棉衣和短裤打了个招呼
裙带之间有不甘和警告
却从来没有机会在同一身体上博弈
这是个规规矩矩的地方
环与环间没有仇恨
车水马龙，
慢慢地，慢慢地
磨灭了心急的人

平常人
有爱，有恨

新闻令晚餐有些嚼头
早餐是没有故事相伴的
午餐很中肯
咬到一粒砂
就咽下去
什么都不必说

程琳 的诗
CHENG LIN

手

这个冬天开始抓不住东西
杯盖 筷子 汤勺 药片
钥匙 车票 信用卡 身份证
什么都打滑
心里说不要掉别掉了
还未说就掉了

夜里凝视自己的手
干燥 无力
薄命的人
一斗也没有
突然想起多年前
暗中讥笑父亲
情形正是如此

这一对难兄难弟
如今相互摩挲 抚慰
紧紧地
搂住自己

老 宅

只有回到这里我的心才是
妥帖的!
父亲散漫的话题牵连:
菜园的长势
野猪的盛衰
亲戚中的生长 死亡

只有回到这里
我的心才是妥帖的
衰朽的父亲不知何时
已彻底改掉打鼾的毛病
不用再担心掀翻屋顶
老宅的夜真是安静啊
母亲睡在不远的山坡上
亲爱的父母
我就在你们身边

原　身

在异乡，差不多隔一两年
在不同的地方
总有人指着某个方向对我喊
"瞧，那人多像你！"

遵从某种古老的禁忌
我总是拒绝
顺着他或她的指头
看过去

仿佛我
未来得及撤退的原身

物　想

我更愿意把自己想象为自然万物
中的一物。比如苹果
有足够的时间成长
却不必成为庞然大物
大把的时间挂在风中
荡秋千　吹口哨　灵魂出窍

假如有一只足够美丽痴情的虫子
欢迎她住进
我浆汁饱满的心房
而让秋天成为一个笑话
如果侥幸（也不幸）长成在深秋
还孤独地悬挂在枝头
在日紧一日的霜风中
请允许我做一回
拒绝融化的石头
我说的正是石头
在某些诗中它登上了峭壁
更多的情形混迹于河滩
想想那千万次的撞击 磨砺
终于成就了表面的圆滑
怎么说也是一件激动人心的事
它内心点亮的灯火
人子的眼无法看见
就像那只蝴蝶
夜间不停歇往返于
你我的梦中
而你无从看见
终于说到了蝴蝶
在张开翅膀之前
那只是我心中的
一条毛毛虫

喜　鹊

一只喜鹊在45度的地方跳跃歌唱
我经过白皮松的时候它开始跳跃歌唱
现在我来到路的对面
它在45度的位置跳跃歌唱

四周一个人也没有，我一眼也没看它

坚 决

父亲的窗台永远放着一把
剪刀。剪柄朝里
剪尖向外,仿佛
一件法器,震慑着
那些想从窗户进来的
东西。黑暗中他打开房门
接连发出两声轻咳
那是迫不得已要起夜了
仿佛在向某种东西
发出信号,以防相撞
他一个人住在老宅
听着山里的各种鸟叫
虫鸣
有一个半夜他打开大门
怒气冲冲地对着塘那边的黑松林
撒了一泡尿
他总听见一些东西
喊他回去
但他坚决
留在这个世间

过 阴

每年清明节大表哥都要来我家
看望他的外公
这在此地乡间,是不合礼俗的
清明重阳,外姓人
生不看望,死不祭扫
除非主家有人重病、新亡
或断后无祭
但大表哥来别有隐情
他的父母客死新疆,祭无所祭

他爷爷奶奶死是死在家乡
但坟墓早就淹在水库深处
这个孤儿倒不全为了去水边
胡乱望一望爷爷奶奶的坟墓
而是为了他爷爷的幺叔
这个少年撞见人家，拿碓臼铸造
袁大头，被石灰撒了眼睛
然后大卸八块。他的游魂
想回到老宅，却为新社会的大水
阻隔。于是托梦大表哥
要他找一位过阴师
把他民国初年的冤魂
从水里领到岸上
爷爷在的时候，大表哥每年清明
都要坐长途汽车，辗转二百公里
来到我家，他俩并不避讳
这个恐怖的话题，反倒谈得兴高采烈
十分逼真，仿佛身临其境
只是那个过阴的人，一直没有找到

陈朴 的诗

雨

雨落在屋顶上
雨落在梧桐树的叶片上
雨落在我湿润的头发上

雨落了很久
也没有落在我的伞上
因为这把伞,是奶奶用过的。

阿莫西林

我不是胶囊
不是喜欢用彩衣包裹真理的
禁闭室。两个黑洞
密不透风地粘合在一起
一头是病痛,一头是健康
一生在洞里相互侵占着对方的领地
又耳鬓厮磨在一起,难舍难分。
身体里的炎症,只有在发作的时候
才会想起我,想起一杯
无色无味的温开水。就像一些朋友
若干年杳无音讯,落难之际
忽然发来一条求救的短信。

匍 匐

芒种过后,关中的乡村
一片片金黄。晌午,阵雨降临

一棵桑树少了一条胳臂
一片队伍整齐的麦子
全都匍匐在了地上,抬不起头
我开车路过这片麦地的时候
村东头驼背的范大爷
正握着一把镰刀,匍匐在地里
拯救着他的将军
和士兵。

而立之年

而立之年,我骑着摩托车
走在上班的路上,宁愿迟到被罚款
也绝不超速、闯红灯。
而立之年,懒于划分交通事故的责任
大小,只想说一个字:慢。
而立之年,懒于和一只
啃食青菜的七星瓢虫,争个输赢。
而立之年,望着南山下墓地里
出现的一座座新坟,我知道不多久
那棵老槐树上盘旋的乌鸦
还会再飞回来。

从钟楼到小寨

我曾步行,从钟楼走到小寨
去见一个留着短发的姑娘
留着短发的姑娘,目光远大
知道那个个子比我高、学历比我高
眼睛近视程度比我高的男子
会比我早几年,开上车
不用挤公交,从钟楼驶到小寨
今天,我坐地铁

从钟楼去小寨,出席一场讲座
刚到永宁门,李白在门口备下酒菜
拦我下车。到南稍门
玉环又轻歌曼舞,宽衣解带
我始终横眉冷对,无视而过
到体育场,我听见许巍憔悴的嗓音
恨不能迅疾回家,打开柜子
把那把珍藏十年的木吉他
摔得粉碎

焦虑症患者自述

棺材和砖块,一虚一实地
将乌云和飞鸟,引入自由的囚笼
这个世间,有小草就有大树
有流水,就有漩涡等你陷入
这本是无可厚非的世态
脚手架上的安全帽,不会去顾及那栋别墅里
太多的隐情。藤椅上手握蒲扇的秃顶
不会夜观天象,说他命里缺发
唯有我。站在癌细胞十万八千里之外的山顶
舞剑刺月,怒不成诗

习 惯

我习惯游走在乡间
看蒲公英飞舞,听蛐蛐歌唱
东家的羊吃了西家的麦苗
劝劝架,评评理
和牙齿脱落的老人们唠唠嗑
给牙牙学语的小朋友教教字

我不习惯,窝在
摇摇晃晃的空中楼阁
上午,我看妻子绣十字绣
下午,妻子看我打电脑游戏

在电梯里、走廊里、凉亭里
看见熟悉的面孔。叫不出对方的名字
一个人提一袋苹果回家
绳子断了
低头,一个人捡。路过的人
都视若不见

铁塔下的祷辞

经理,请给我们开辟一条
可以运送配件、砖块和水泥的道路
我看见那些驮材料的骡子身上
勒出的一道道血印,心疼

经理,请给我们一点时间
点根香烟,喝口水。我们的肩膀快要垮了
不想病倒在那一片片黄灿灿的
油菜地边,看蜜蜂飞来飞去

胡晓光 的诗
HU XIAOGUANG

睡 莲

睡莲睡了半个池塘
她们睡着
但比醒着的其他
更眉清目秀
且肃穆庄严
这里我必须恭敬地写"她"
那么多植物中
仿佛只有这些睡莲才够格用"她"
仿佛只有她们
才能跟母亲相提并论

青黛灰

我爱这样的灰色
这是无数次洗笔水加灰尘加时间
积淀成的墨色
像积攒的夜色
故称作宿墨
拖一笔便成远山
刷一笔还可以是一条游动的鱼
是底色
又像低眉者
天际上要现出这样的灰也是不易的
这需要变天
需要风云际会

天生的

樟树褶皱的皮肤是天生的
它体内的香也是天生的

斑鸠不与人为伍也是天生的
它对人的防备也是天生的
我内心有天生的怯懦
我至今也不与强者为伍
我欣赏樟树皮肤天生的褶皱
它们形成一种委屈的美

九资河田畈的古树

难见了这样的古树
九资河田畈的古树
一看就是真正的古树
至少有近百年的光景
这是装不出来的
如果你看长了
它们就像一个个古人
好像还身披蓑衣
头戴斗笠

蓬勃之物

蘑菇都是蓬勃之物
蓬勃之物的样子都相似
有昂扬之态
有急切的心情
这是夏天的雨后
在朽木的身旁
朽木借蘑菇之身再生
长得极快
这是好东西啊
我不喜欢叫它菌类
我喜欢叫它的小名
我喜欢叫它们蘑菇

这样好像是在叫
一个女子的名字

看见湖滩上吃草的牛

一头公牛在湖滩上低着头吃草
这时候它是全神贯注的
身上那么多的苍蝇也打扰不了它
旁边那头母牛也打扰不了它

参观母亲的冬瓜地

冬瓜躺在地上长
它们像几个没穿衣服的婴儿
它们白皙的皮肤像搽了一层痱子粉
也像初生的茸毛
它们乖乖的样子
就像是婴儿的样子
它们仿佛在吸吮乳汁
它们长大啊
直到牵着它们的那些藤蔓枯老

在故乡
我就是这条冬瓜

风起时一瞥

树叶也有羞怯之心
风把它的背面吹出来时
像暴露了它的私处
它颤抖着,用自身的重量迅速翻过来

太婆尖

太婆尖是我的家乡大冶最高的山峰
这座山峰不像别的山峰那样峥嵘
虽名曰太婆尖
但它的峰是平缓的
在大冶境内
它的绝对高度是最高的
它的旁边并排着还有两座山峰
它们才是尖尖的
看起来比太婆尖还要高
当地导游说
太婆尖比它们要高去几十米
如果不是有确凿的数字
我真的看不出来这座家乡最高的山峰是最高的哩
我们其中大多数人都认为
旁边的那座尖尖的山峰才是最高的
它们尖尖的,只是显得高

塞罕坝

你只管种树吧
松鼠们自己能找到这里
你只管种草吧
羊也会成群成群地住下来
你只管种地
蓝天看得到
你只管种善
菩萨看得到

钉　钉

既是动词
又是名词

是钝的
也是尖锐的
每个人都是一枚钉子
每个人也在钉这枚钉子
我向所有被我钉过的木头致歉
我向所有的含着我的事物致谢

谷子的慈悲

越是饱满的稻穗头越低得低
它要低到根部去　低到来路去
低到红尘去　它
要低出心满意足的样子
要低成个低眉菩萨的样子
那么多的谷子
那么多米白的肉身
那么多命
那么多的慈悲啊

庞培 的诗
PANG PEI

"街路热烘烘……"

街路热烘烘
晚风里有妈妈下班时脚步庄重的气味
她去街上的中药房一小会儿
我已记不起那张薄薄白纸笺上
开列的药方名
但我暮霭的身体里有她沉沉的酣睡
一生的劳苦
我以一颗刚萌芽的少年之心,久久品味
在阁楼的幽暗里
朝夜晚星空,无意识转过眺望之脸

"人的言辞是干草……"

人的言辞是柔软的干草
人的言辞是风,是火焰
是巷口残留的葬礼印迹
世间再没有比死者遗留下的衣物
更凄凉的景象——

这枚手镯,已听不到主人对它称许
这一身缎花棉袄,不再用于取暖
这件质地柔软的小布衫
式样如此别致,却不再
适宜任何时令节气……

"星空的帷幕……"

暮色中鸟儿就像房顶上的乐师
身穿看不见的黑色燕尾服

在弄堂口雀跃的孩子们心里：天空
庞大的歌剧院
舞台充满金色焰火
在沉落向地平线的火热夕阳下
悲剧演员正待谢幕
星空的帷幕徐徐拉开

"闸桥河的水……"

闸桥河的水
澄江饭店的鼓风机
这两样东西，是妈妈
年轻时的体温计、寒暑表
年年月月，从街上经过

身体好时，她惊叹河水清澈
会到河堤边停停
那时，船上人家看着她
会因为她的白净而羡慕城里人的体面……
一阵微风。把她身上的雪花膏味

吹到桐油晒烫的船舱船头
使萧瑟的县城街头
平添一份昂贵和气派……
人们看到她"啧啧"作声的欢笑
看到她身上飘逝的云影

背后，那个盛大，璀璨的夏日
在灰白的河堤水泥墙后渐渐来临——
饭店里的灶头，大铁锅里煮开骨头汤
恰好映衬河道的忙碌
案头酱猪肉，肉的颜色照在一大海碗
零拷的黄酒里……

当鼓风机在大热天里扬起灰尘
多少穷人的命在市井陋巷间挣扎
宁愿辛苦一辈子,也不愿舍弃一份酒菜
此地有着城镇中最浓郁的欢乐气氛
不断允诺潦倒的人,鼓足勇气去跨生活的门槛
即使是妈妈这样朴素的女性
从店门口经过,眼睛也痴痴地朝里张望……
我记得她脸上被贫穷刺痛的表情——
当傍晚开闸的铃声随河水奔涌
饭店后门口鼓风机也同时拉响……

在河边

我再朝前走
就能见着妈妈了
她在一棵大树底下,周围
是厂房一样大的女工宿舍
像平原上一个巨大的蜂巢。每年春天
吸引大量油菜田的金黄,像飓风天气里
气流云集
我要到那里去必须穿过一只蜜蜂的嗡嘤
一小滴金色太阳的蜜
我隔着大地的蜜汁凝望她,心里怀有
人世最初的虚荣
希望妈妈能够先看见我,在河对面招呼我
(她从前可是常常这样做……)
那春天的空气里
有她灿烂的笑脸。可是有一天
她显然没看见我,正忙活手头上的事情
一边和一名小姐妹说话……
我在菜地这边,感到痛苦
我头顶上的蜜汁
变成乌云。太阳
夹杂田野的暖风深深刺痛了我

（妈妈，妈妈，我多么爱你——）
我晕头转向，不知所措
羞愧得只剩下哭喊的份
我后来走到了妈妈的身边
但从未敢把这件事的苦闷，向她表白

自画像1968年

我是个小路上的男孩
喜欢走僻静的田间小径
且独自一人，让风从远处
吹来，再停一停

风停时，我会侧耳聆听：
天空、山峦、河流、村舍
虽然一般都听不见什么
但却像是在听妈妈回家的声音

"露水已经记住"

已在熟睡中
已经记住
已被风吹灭
已到达寒冷灶火间
已有露珠滴落
已绕村子一周，孩提时的嬉闹一周
已从树荫底起身。今夜的露水。是穿白衣裳的妈妈
用黑黑稻草灰，涂没了星空。
她做新娘时的嫁妆。那张雕花的大床。红漆的寿字形图案。

悲 歌

妈妈,秋天来了
我感到痛苦
他们已经把我俩合葬在一个墓穴里了
连同你的爱打扮和我的孩子气
连同苦于生计
对于死亡,他们总能够如愿以偿

诗歌
Poets Geography
地理

谷 禾 作品

荣光启·关怀、境界与限制：读谷禾诗歌所感

树 才 作品

牛遁之·树才，一棵现代禅意的老树

谷禾

谷禾，1967年生于河南。20世纪90年代初开始写诗并发表作品。著有诗集《飘雪的阳光》《大海不这么想》《鲜花宁静》《坐一辆拖拉机去耶路撒冷》和小说集《爱到尽头》等多种。曾获"华文青年诗人奖""《诗选刊》最佳诗人奖""扬子江诗学奖""刘章诗歌奖"等奖项。现供职于某大型期刊。

旧作（10首）

《胡风传》第284页

当他终于回到我们中间，脱下沉重的铁镣
像丢开一件救生衣，在白花花的阳光下，
发出人的哭泣，这个衰老的、委琐的、
丧失记忆的哑巴，他至死不宽恕当年落井
下石的朋友，这个肉体的残废，像敬畏神灵一样
敬畏最卑微的草芥。当他用流血的笔
揭开尘封的真，这个大地的
思想者，一次次被谩骂、殴打、凌辱
放逐、万劫不复地诅咒。他想到死，
死亡的耻辱和高蹈："死亡就像凉爽的夏夜。"
川端康成在纸上写下"我散步去了"，就不再
回来。但是他，要咬牙切齿地活着，沉默地，顽固地，
满面含羞地活下去
这个终生不跪的人，应当被我铭记
不是用青铜的雕像和丰碑，
也不用轻飘飘的文字，
他生命的诗篇被大地吟哦，
他血肉养育的光芒照耀我读书写字

2001 年

小事件

说到车祸，忍不住心慌起来
早晨经过东关路口，望见福田一辆皮卡
横栽在马路中央，车头已扭成麻花儿

货厢里的旧家具散落一地
肇事者和遇难者不见踪影，
留下的一大片血迹分外刺眼，也有了更丰富的
想象，警察放置了绕行标志，
乘客们议论纷纷，有人还把脑袋伸出窗外
探问……也是在这个地方，
大约3个月前，搞装修的雷于挺也不幸丧命
我曾请他吃过一次饭，听他如数家珍地
讲述着业主验工的细节，他狠吸了一口纸烟
突然说自己爱上了一个女孩，"她下月才满18岁，
但认识3天就被我搞掉了。"他得意地
笑了，马上又严肃起来，"我要和她白头偕老。"
他用力挥着拳头。但3天后，
却独自进了火葬场烧红的炉膛。消息传来，
我去东关路口站了很久，但终于没有
碰见他爱上的那个女孩。
这么多年，我领教了生命的脆弱
越来越多的死，让我快麻木了
甚至父亲说把我抱大的三爷爷死了，
我也只淡淡地应一句"噢，知道了"就挂了电话
下午带女儿去看牙医，顺着她手指的方向
突然看见一个失去双腿的男孩在借用两只滑板前行
他的整个身体趴在滑板上，两只灰黑的手奋力向后
像一条鱼在人缝里钻游。
女儿问，"他为什么不坐下来乞讨呢？"
我不能回答她
说我又一次目睹了死，
形形色色的死，其实和活着没任何关系
譬如人的死，树的死，田野的死，河流的死
天空的死，爱情的死，性的死
一个国家和民族的死
总有一天，我也会静悄悄死去
而且不能选择其一

2005 年

宋红丽
——1月16日《XX时报》

宋红丽，女，26岁，1979年出生
河南省鹿邑县宋楼村人，小学文化
身份证号码不明
1998年来京务工，当过洗碗工
广告员，在路边卖过假烟和盗版盘
擦过皮鞋，哭过，偶尔笑过，想过死（不止一次）
后到亚运村某工地做炊事一年
欠薪10个月无奈离开
01年在北京站做过两个月票贩子，
羁押15天后释放（无记录），录像厅里
结识了四川仔王小峰（她曾经的男朋友）
02年8月两人同居，
两个月后怀孕。流产。
又过了两个月，
再怀。再流。半年后，第三次怀孕
王小峰人间蒸发
宋红丽咬牙切齿要把孩子生下来
03年8月，宋红丽花70元买下一辆
二手板车，晃悠在通州东关一带
捡垃圾，那里许多住户都认识她——
大肚子河南女人宋红丽
04年4月18日，宋红丽在潞河医院
顺利产下男孩儿小小
4月23日之后换到姚家园市场继续捡垃圾
（其间5天为产后休息）。
受人蛊惑，曾偷偷到燕莎附近站马路牙子，
感染过轻度性病（后治愈）
宋红丽发誓痛改前非
捡一辈子垃圾也不再干这丢人的事儿，
累死苦死也要把小小养大。
2005年1月16日上午9时23分
宋红丽怀抱小小，身背编织袋

横穿京哈铁路时不幸被一辆飞驰而来的
货运列车拦腰撞飞（像一只鸟）
并当场断气。
目击者称，断了气的宋红丽
血肉模糊，但左手死扣着胸前的小小，
右手抓住背上的编织袋，
几个人都不能掰开。
她的板车就停在铁路对面，
（到记者发稿仍停在那儿）
估计她是要赶着把捡来的垃圾送过去。
希望大家一定汲取血的教训，
过马路要格外谨慎，
尤其不要带侥幸心理，
警方欢迎有爱心的人联系小小的收养事宜
垂询电话 8589XXXX
手机 139000XXXX
（记者马宇宙 报道）

2005 年

一个熟睡的老人

一个熟睡的老人
就像一座空荡的房子，因为年久失修，
它的内部
黑暗，肃穆，荒凉，蛛网密布
如果一阵风吹过，
逝去的母亲，和母亲的母亲们回来，与他合而为一
会变得自然，亲切，
带着桃树的端庄和垂柳的慈祥
哦，一个熟睡的老人和空荡的房子
接着，田野与村庄诞生了
河流，羊群，炊烟
女人抱着孩子，沿月光走来

……这不是幻象
从一个熟睡的老人开始
当他和一座空荡的房子融为一体
我被允许经常回到屋檐下
成为
众多父亲中的一个

2005 年

亲人们

四十年前，我还没有出生，只把母亲当亲人
三十年前，我九岁，把所有的饭当亲人
二十年前，我十九岁，只把青春当亲人
十年前，我的父母，妻子，儿子和女儿，是我的亲人
踩着四十岁的门槛，所有的敌人和亲人，你们都是我的亲人
当我八十岁，睡在坟墓里
所有的人都视我为亲人，但你们已经找不见我——
……这一撮新土，这大地最潮湿的部分——

2006 年

西海子公园

它是唯一的，夏天我曾去过，
穿过曲里拐弯的两条街，在通州剧场后边，
水面宽阔，浑浊，游艇犁开波浪，独不见莲叶田田。
喝茶的，下棋的，唱戏的，人声鼎沸，
芭蕉扇挥来舞去，占满了廊亭，
城市和它游动的汽车环绕着这座人工的海子，暑假或周末
薄暮时分，这里是孩子的天堂
他们把球踢向空中，自己变成星星，散落进树林，草丛
直到夜深了，斜月一遍遍催促

但现在是深冬,它的荒凉几乎等同于岁月,落叶
化成泥土,水面结了厚冰,
用力踩上去,却没有断折的声音传来,
凿开冰层,也不见鱼儿吐出水泡,
喷水池裸出底部的沙砾,四个石狮子表情木然
海子角的土山比草丛还矮,从拱桥上,
能望见栅栏外的满城灯火,但今晚的月光下,
只剩下了我。夏天你和我一起来这里,
但现在,我们天各一方,
公园外匆匆的行人,没有谁停下来,
给我一杯安慰,或者,陪我坐一会儿
现在啊,好像有雪落下来了,并且渐渐
弥漫了我的视线,我冻红的脸
它纷纷扬扬,落在
西海子的冰面上,落在所有的街道、屋顶,
北运河两岸的堤坡,落在向东两公里以外的荆棘丛中
当我睡熟,它继续轻柔地
轻柔地落在所有生者和死者身上

2007 年

一样的月光

一样的月光照在红色的汽车上
是红色的
照在蓝色的汽车上
是蓝色的
照在白色的汽车上
是白色的
照在黑色的汽车上
是黑色的
在夏夜它是烫手的
冬夜还是透骨的
一样的月光照在汽车上

和照在棉桃豆荚上是不一样的
和照在野棘花上
照在顶着雪的白菜上
照在屋顶袅袅的炊烟上
是不一样的
一样的月光照在我黧黑的脸上
是温暖的
照在我眼睛里是孤单的
它照着自己是空旷的
仿佛患了失明症
仿佛
从没有照过

2008 年

原野记

把原野当成生命的温柔地带，我去它
却愈加缈远起来。当原野上消失了
蓬勃的野草、杂树、荆棘，而只剩下庄稼
沟坎坎畔的花儿在风中加速凋零，请允许我
独自游过田埂时，心中升起
露水大的伤悲。离开村庄三公里之处
我一步一回的泪光深处
只捕到了电线上的雀点儿，以及枝头的半片残叶
脚下这青绿的麦苗儿，头顶着霜露
却并不见老，偶尔有野兔顺着垄沟狂奔去远
似乎它要在惊悚中亡命一生
壕沟里流水不复，哪里还有水草和鱼虾的踪迹
蓝天白云凝滞头顶，壕沟对岸
高速公路直穿过围起来的开发区，不用脱去鞋袜
我也能向着灯红酒绿飞去。仿佛
原野已不复为原野，我心已碎成
齑粉。想起童年时我也曾在原野上迷路

从连片的马齿苋、抓地草间摘下一朵牵牛花放在耳边
隐隐就传来了暴雨般的虫鸣，抬起脸来
看见星辰分外密集而明亮，足以照耀古今
让人平静地睡去，不再想醒来
不再侧耳搜寻亲人的唤归
若干年后把住所安置城市的边缘，说明我心向原野
却又被名利的藩篱羁绊
你怀疑我虚伪吧，但请不要怀疑我来自那里
最终还将被它一点点收回。

2008 年

在屋檐下，和父亲论生死

我们说到了你的身体，老胃病，
母亲的慢性关节炎，院子里的拖拉机
在阳光下闪着光。我们说到夏秋的收成，
干旱和洪涝，防不胜防的害虫
乘上火箭的化肥，农药，收割和灌溉费用，
狗日的粮价，狗在我脚边
来回蹭着耳朵。我们
说到你的孙女，她想再回村里看你，
但害怕到处飞的虫子，
你笑着，目光有些黯然。我说暑假她会回来的
你说回来好，愿意回来就好。
我们甚至提起了"文革"中你"挨斗"的情形，
你憨憨地笑了，说就是老少爷们儿逗乐子。
我们接着说到了以后，过两年接你们去北京吧，
或者岳阳、深圳，都行啊。
你说不——你哪儿也不去，你有拖拉机，十亩庄田
堆积的余粮和柴草
有东邻，西舍，一村子的鸡飞狗跳
有血肉造的一座瓦屋厮守着。
这时一片树叶落下来

一片树叶，遮住了我的眼睛，
和更高处的云朵。
我们还是说到了大伯的死。你说人总是要死的，
生病死，喝药死，上吊死，摸电死，
投河死，遭饥荒饿死，
走路上车撞死，犯事儿吃枪子死，
去城里打工累死，
赶上地震砸死，娘肚子就被刮死。
你掰着指头算着不同的死法儿，
你说他挺好，病死——
人这辈子，如草木，如浮尘，生死难料。
这时黑衣白眉的燕子飞起来，
灰蜘蛛停止了作业，
你的目光越过断墙，凝视着变黑的沟河
在那里，河水承载着无根的浮萍，
细小而缓慢，带着未卜的命运
从村子中穿过，
流向下一个村子，和梦境的大海
河两岸有蒿草蔓生，
有刺槐、苦楝和白榆交错生长，
一座座瓦屋，对应着原野上棋布的坟茔
沿着屋顶上升的炊烟
随风飘散……

2009 年

2月18日深夜醉酒后从国贸乘667路公交回家

不远的立交桥上，
仍有车辆闪着方向灯驶过。我身后的招商大厦
像一个独自睡熟的家伙

我不喊醒它！也不理会
脱了棉服的春寒，我一次次扶稳自己

但更多人影，冲在了我的身前

车开动之后，有人把帽檐拉低
扯出呼噜，几个返城的民工
在我的耳边絮叨着关于过年的繁文缛节，被铲的祖坟
村上新死的老人，黑心工厂怎样把污水
压进地底，烟花散尽之后
雾霾成为一座城市的梦魇，而愤怒归于黑色的咳嗽

贴脸的玻璃多么冷
一晃而过的灯火，黑魆魆的楼群，没有月光，没有星星
车灯廓开空荡的沥青路面，仿佛行驶在海上

八王坟。四惠。高碑店。
传媒大学。管庄。八里桥。通州北苑……沿途的地铁站
像另一些睡熟的家伙
有人下去，有人上来。我越来越相信

667路公交将一直开下去
从国贸始发
飞越通州，运河以东，棋布的村落，疯人院
更广阔的原野和夜空

天亮之前，我拒绝醒来
天亮之前，我不会醒来

2013年

近作(10首)

死亡,这件事

一生中,我见过
无数的死亡。我的曾外公
临死之前,吵着要我姥姥给他穿上寿衣
放他到棺材里去
大人们以为他在耍小性子
没想到
只过了一会儿
他就去了另一世界
他的手温暖,枯干。微笑留在脸上
像一个睡熟的老婴儿

我唯一的弟弟,一出生
患上了破伤风
在乡医院里熬过几天之后
我母亲选择了放弃
回村的路上,把他扔在了一片墓地里
转身离开时
他突然哭出了声儿
送母亲回村的我的大表哥
不忍心他
转回身,又把他抱了起来
如今他是一个不错的外科医生
而大表哥早成了灰烬

我还见过更多的死
生命之脆弱,比一张白纸更甚
扑火的飞蛾
不仅因为火光的引诱
飞行的鸟儿

也突然从天空中坠落下来
墙角的蛛网
不多久就粘满了飞虫
我从没见过
死亡的颜色,形状
但相信它一直活在这世上
像路边的某一座房子
它有一扇门,一个窗户,带天线的房顶
一盏灯
天黑后就亮起来
从门前走过的人
会忽然消失,不见了踪影

在唐山,我看遍了
石头墙上的三十万个名字
我去的时候,烈日下的细雨淋湿了
所有的游人
这一切,怎能用巧合解释

在我出生的村子
熟悉的面孔,越来越少
每次回去时
我母亲总给我说谁又不在了
她掰着手指
数着一个一个的名字
像数不同的庄稼
我父亲戴一副老花镜,继续专注于泛黄的《易经》

你知道的,如今我已近知天命
但父母的健在
让我从没想过死亡的急迫性
死亡……这件事
还无比遥远——
我用这首诗来谈论它
仿佛在谈论旁边这台电风扇一样轻松

这一会儿
它正摇着脑袋,用一缕缕凉风,吹拂我心

2015 年

坐一辆拖拉机去耶路撒冷

我记得多年前的一个夏日
练沟河两岸的麦子已经收尽
一垛垛麦秸,在暮光里
如蘑菇生长,又如初堆的新坟
我去村子里看望老去的父母
在一段土坡路上,相遇了陷入泥泞的拖拉机
拖拉机上坐满了出远门的农民
他们长着比我憨实的笑脸,黧黑的面皮
我帮他们一起用力
把吐着黑烟的拖拉机推出泥泞
他们问我从哪里来,热情地邀我
与他们一起去耶路撒冷
他们说那儿是耶稣的家乡
他复活后一直与上帝生活在那里
那里才是人间天堂
坐着这拖拉机,天黑前就可以到达
他们扶老携幼坐上去
唱着上帝的赞美诗
在我的注视下,一会儿就消失在了晚霞里

2016 年

烧树叶及其他

在一本诗集里,露易丝·格吕克
三次写到烧树叶

第一次是一个农工，他选择早晨
把那些树叶搂成堆，点燃了
我能想见树叶沾带的浓重夜露，更多烟雾升起
死亡为新生命腾出空间
大地变得空无
火焰熄灭后，他清扫灰烬，像清扫失败的人生
第二次烧树叶，农工仅以背景存在
而树叶的秘密火焰
噼啪燃烧起来，为了自由而挣脱
火苗扑向石头和瓦砾
上升，旋转，散开，死命抵抗，又放弃
在冬天到来之前
在农工的注目下，用自焚诛灭了自己
第三次简单多了
更多的叶子，死亡，枯干太久
火焰加快了速度
一俟烟云散尽，世界瞬间广阔起来
烧树叶的孩子
看叶子燃烧，一小片大地
在有限的时空里，成了灼烫的焦土
他通过短暂的死亡仪式，完成了自己的成人礼
也让树叶，进入恒久的宁静

2016年

山坡人性的一面

对于山坡，我承认自己
是陌生的。而老人
从不如此认为。在早晨和黄昏
越来越多的老人，成为山坡
的收集者，以及堆叠的
石头，葛藤，花草，悬铃木，银杏，橡子
松柏置身其外，在于枝叶如刺
云朵，鸟鸣，山风，溪流

作为负氧离子的风景
被敞开的肺腑吐纳，归于心房
却不惊动，蝴蝶的睡眠
一叶才返青的新绿，距飘落还远
土拨鼠逃离了蝮蛇的信子
五月的野草莓，追不上八月的梨子
你试图从老人
的交谈里找回乳牙
而我看透了一滴露水的窘境
遁入夜色的麻雀
甘心顺从了月光晒黑的命运
我梦中的老虎
从博尔赫斯的失明里下山了，我愿就此
与世界别过
匿隐于星光擦洗的墓碑
或躺在山道上，作为老虎的果腹之食
以彰显山坡人性的一面

2016 年

枯柳赋

漆黑里的枯柳也闻风而动

我乃抱柳而生之人
我怀抱一株枯柳千年之伤痕
在其枝条扶风之时
在其解散了辫子投于水中之时
在叶子落尽之时
在根须斩断之时
在其成一株朽木之时

我以群山之雄阔抱它在大地上奔跑
我以白头之无往抱紧它在天空飞行

我施之以土
施之以水,施之以精血
让一株枯柳以枯干之躯,从死中复活
当我以焦灼之唇
吻着新萌的第一棵嫩芽
竟喜极,而无声

这一株枯柳
积千年沉疴与年轮
漂泊的路上
听见自己轻柔的呼吸也听见惺忪的鼾声
它还有多久苟活于这尘世?

但它比我长久!

当我在漆黑里抱紧了它
当我以骨头摩挲它湿漉漉的枯皮
当我窥见藏于它内心的汤汤蚁穴
除了作为灰烬埋于树根下,我又能干什么呢?

这枯柳啊,漆黑里
也闻风而动
变幻着红、黄、蓝、紫、绿的颜色

……它与我,已形如路人

2016 年

雨中,过高州古荔枝园

青苔近墨。绿在滴水
六百年。八百年。一千年……
一园子荔枝树
活得虬曲而绝望。弯折的枝头
甜蜜的河流,奔腾喷涌

——犹记昨夜入城
湿漉漉的街。灯光。少女。疲惫的脸
雨水停歇之处
灯下一方枕巾,白色,呼吸起伏
荔树还在生长,泥与火焰
扶住阳光。荔果坠落,胎衣丹红

雨生出明亮翅膀。密集的荔枝园
也有空寂时刻。
隔着乱世,必须抓牢它的虬枝铁干
荔果的圆形闪电下
亡灵散步,始于
青苔疯长……给我软梯,让天空低下来

给我舌尖。你说:陌生的

黑叶。白腊。挂绿。白糖罂
妃子笑……从聚拢
的马骨上路吧。转过身——
你必死于途中
而一颗荔枝在暮色里旋转:如星球……

2017 年

泥工们

泥工们的安全帽有太阳灼热
的反光。这一会儿,汗水
粘带着泥浆,从他们脸上滚落下来
砖是我新买的,颜色呈现古老的赭红
仿佛凝固的火(多年以前
在乡下教书时,我从父亲的砖窑里
见识过它的恣肆,和飞翔)
现在泥工们要把它丢去水里浸泡一会儿

再抹上水泥，一块块砌起来
安装上金属护栏，筑成一堵真实的墙
给我入夜的安全感。泥工们
撅着屁股，忙碌着，一边用方言
交谈。说什么呢？从十三年前
我搬来居住，如今所有的房子
都生出了风雨的创痕。院子里的地砖
已换过两次，柿子和石榴，年年开花
结硕果。昨天我去殡仪馆
给邻居送行，看她平躺在花丛中
比活着时缩小了一大圈儿，仿佛
一个睡熟的婴儿。她的小外孙子
跟着走上前，隔着玻璃罩，献上一朵花
嗫嚅着嘴唇，怯怯地喊了声"姥姥"……
——生长和死亡，就这样轮回不止
我反复递烟过去，帮着打下手，一边絮叨
这些事儿。泥工们听着，用疑惑的
目光望着我，说："老板放心吧，
我们砌的墙，一定很持久。如果你愿意
它还能随黑夜唱歌——"
我苦笑着，看他们把水泥
从桶里铲出来，熟练地抹上砖块
一堵墙在相邻的两家之间筑起来
明年这时候，丝瓜和爬墙虎，会遮严它
仿佛它不存在。
傍晚时分，我向泥工们道谢
付款给他们，也祝他们
明天找到赚更多钱的活儿
这时候，从我站的地方，隔着栅栏
能望见北运河水闪着粼光
——我知道，那是东关桥的人造瀑布
反射的落日之光，而完活儿的
泥工们已沿落日，消失了身影

2017 年

叙述的夏天

一个中年木工,用墨斗吊线
用凿子掏孔,以榫子连接剖开的檩条
做成理想的家具。同一种木头
经过他的手,成了餐桌,成了床榻
有的做了泊尸的棺木
世界的真相,从纹理深处浮现出来
这个过程里,他沉着如狙击手
埋头在盛开的刨花里
如果有可能,他还可以
做一只带触须的木蝴蝶送给你
唯白痴才溺于抒情,被低烧和肺炎
纠缠,顶着烈日去药店
吞咽白加黑,阿莫西林,霍香正气胶囊
而他独自去铁匠铺,摆开铁砧
在水与火的缠绵里
打出一块儿黑铁藏匿的白刃
这不同于冬天,落雪之夜
他就着炉火写一首情诗
快乐,悲伤,怜悯,孤独,救赎
源源的爱的絮语,用一张白纸来表述
而白纸亦如落雪,纷纷扬扬
他等待的人,天亮前带来少女和酒浆
这时候,天空高阔,枯枝喧响
星星密集如骤雨,他写下的每一个词
如刀子垂挂,闪着雪的光芒
在天与地之间,睡去的
木工和铁匠,从词语里醒来
他对夏天的叙述,因为
雪的覆盖而沸腾起来,如生与死的证词

2017 年

在岩头村

岩头也是石头。水从石缝间
汇聚入岩溪
滚过河底的乱石,映现青竹和乌云

更大的寂静,来自石缝间的青苔
细雨中,绿得盎然
我怀疑它从黑暗中,接通了雪窦山的云雾

而广济桥头的木楼,还是从前的
格栅是,灰尘是,门脸上锈蚀的铜锁子是

坐在屋檐下的老妇人
多年来,只饮灵泉古井的水
我怀疑井中的几尾鱼儿,也来自从前的慢时光

而木楼卧在春光里,打盹
夜深又独自去岩溪洗脸,不小心碰响了
头顶的瓦当,和溪水里的星光

横斜在岩溪的枫杨树
从水里,照见了
满头枯枝和空洞的心,更渴望回去岸边生活

——这时候,我想坐下来了
做一块青石
青石上放一篮,溪水洗濯的马兰头

2017 年

柔软的力

午后的炎热,有怜爱
和残忍喷薄,但新一年的桑叶

过滤了它。蚕宝还没出生
青砖垛起高窗，缫丝机
已锈蚀了百年，你剥茧抽丝的双手
还沉溺在旧时光的蒸汽里

我走过的地方，一只只蚕宝
曾作茧自缚
并在夏日的某个午后，咬破茧衣离去
后来是更多的茧
在沸水里翻腾，偶尔发出人的呻吟
和裂帛碎玉的海豚音

而聆听者业已麻木，如同缫丝厂
归于寂静。最后一位
走出的女工，捧着抽去了蚕丝的茧子
双手颤栗不停
这时候，丝织的河水也是酷烈的

如铁汁浇灌。如此的
江南，超出了你所能抵达的遥远
如同弱冠的举子
先跪伏于一件金色绣袍
转脸又用另一件粉色绣袍醉生梦死

我笃信，是一根蚕丝
生出了绳索的力，它翻卷的白刃
割断过王的喉咙
也抚慰了，一个缫丝女工丧魂落魄的祖国

2017 年

荣光启

关怀、境界与限制：读谷禾诗歌所感

一位成熟的诗人，他自有特定的现实关怀和言说方式，他的诗作中会呈现出属于自己的意象系统和象征体系，他的想象方式有个人的独特性，其抒情风格所透露的人生境界呈现出某一种个人性。在这些层面，谷禾无疑是一位面目清晰的当代诗人。

谷禾诗歌在关注的对象上，特别注目于现实社会的苦难，这个"现实"不仅是乡土中国，也有急遽变化的现代城市。同时，作为一位抒情诗人，日常生活的触目可见、卑微如尘土枯枝的小事物，也常常展现于他笔下。而在言说方式上，他的诗歌呈现出一个优秀诗人必有的细致的洞察力、敏锐的美感捕捉能力和独特的想象力，他的诗歌在技术层面上并没有因广阔、忧患的现实关怀而显得薄弱。

从这些层面，谷禾无疑是一位当代中国值得关注的诗人。他给我们带来了许多有深切的现实关怀而又充满人性深度和诗歌意趣的作品。

一

《没有地址的信》是诗集《大海不这么想》（陕西师范大学出版社2011年版）的开篇之作，这是一首令人震慑的当代诗：

> 街道两旁，纷扬的柳絮，在我和你之间
> 建立起某种隐秘的对应，也使这个黄昏
> 充满变数。"一切都是宿命……"
> 但什么不可以改变？站牌下张望的人们
> 像一只只倦鸟，今夜他们
> 将何处栖息？而一个外省诗人
> 与陌生的北京少女的萍聚
> 难道只是缘分？混浊的空气里荡漾着
> 汽车尾气的怪味。汽车。楼宇。夏日海滩上
> 的散步。但我缺少足够的纸币
> 也无中奖的运气，所以你失望地走开
> "四月是残忍的月份"，狂风挟持着沙尘
> 旋转上升，最后又落回地面
> 最后一缕夕光
> 穿过稀疏的树叶，弯曲在我身上
> （而向上和向下的路能否合而为一？）
> 塞车的朝阳路口，那些
> 黑衣的蝙蝠，晚年一样刮过来
> 当我凝视你羞怯的脸
> 那旋转的泪水和柳絮一起
> 弥漫了我的视野。夏天来得
> 如此恍惚，时间撕毁了季节的契约
> 奔走的少女，急不可待地裸露出
> 真丝内衣下的春光
> 啊，多少灯红酒绿和白色药片

埋葬了一天里的无数个黎明
从光到阴影，新漆的电车突然启动
呼啸着，冲破了云层的包围
而一个人的衰老多么轻易，返乡的夙愿
终止于一封吞吞吐吐的回信
灵魂说，"嘘！安静些，黑夜降临，你将
走进白纸的内心……"
就像在嘈杂的电影院里，灯光熄灭
另一个世界缓缓开启，置身于虚构的场景
我们总在沉默里听见肉体的喘息
死亡的炸弹扔下来，银幕上一片雪白
谁相信我目睹的一切？一封旧信投进邮筒
我身体里最温暖的春天
最终寄向哪里？
曾经癫狂的，曾经鲜艳的，曾经盛装的
如今只剩下无尽的迷茫
也许爱和健康都是疾病
为了救赎，我们必须病得更深！
（2000年）

在纷繁的世相与个人感喟之间、在具体的街景与人类命运之间，诗人捕捉着其间"某种隐秘的对应"，诗歌的叙述使日常生活的物象具有了象征意味，这种叙述极有意趣，有着张曙光式的"九十年代诗歌"叙述日常生活的典型特征。但在个人的想象方式上，谷禾有他自己的开阔与深入、深情与洞见。"黑衣的蝙蝠，晚年一样刮过来"，这样的想象透露出现代诗的娴熟技法。而最后，"曾经盛装的／如今只剩下无尽的迷茫／也许爱和健康都是疾病／为了救赎，我们必须病得更深！"最后这句"为了救赎，我们必须病得更深！"似乎是谷禾的名言，也有着里尔克（Rainer Maria Rilke，1875-1926）所说的"我很孤单，但孤单得还不够"的味道：是否我们的"疾病"还不够，还不够洞彻这个人世？是否必须要在绝望之后才看得见救赎？

二

谷禾有他自己的意象系统，我读他的作品，常常注意到"北运河"、"通州"和"北京"这些身边的地名，这是他生活的地方，也成了他诗歌中的基本意象，他的"北京记"和"俗世爱"作品小辑也表明了他的写作取材和态度：日常生活、所谓"俗世"，是他的关爱；他身边的嘈杂的、庸常的地点，亦是"热腾腾"的生活现场，是值得用诗歌来言说的场域，像这首《农贸市场》：

"与你的想象几乎没有不同！混乱，肮脏，／漂满鸡毛的污水翻着白沫，空气里／混合着苹果的清香和白菜的腐臭味道／堆积的萝卜、番茄、黄瓜，伤痕累累的土豆／缩在最不显眼的角落，呵着寒气的吆喝声／在人缝里撞来撞去，弯腰的男人挤着女人，／穿梭的孩子背着鼓囊囊的书包——/但我仍步行三公里来这里转悠,不买什么/也拖到天黑。听着热腾腾的豫剧腔/和普通话讨价还价,我总是微笑着望过去/像望着村里的哥嫂,承包田里迎风的麦苗/他们结霜的眉梢、灰乎乎的鼻眼、脏衣服/一点点被暮色淹没。即使没有月光/我也能想见他们太阳下的辛苦,安静下来的/出租房里,一台旧电视说出的/星星点点的欢乐和爱,接下来/噢——接下来让他们睡去吧,以习惯的姿势/发出均匀的鼾声。但离开之前/我要把空下来的市场清扫一遍,透过纸糊的/窗户,最后望一眼他们噙在眼窝里,/睡熟了也拒绝落下的黑色泪珠"（2004年）

  这是"农贸市场"上的人们一天的生活记录,在诗人的想象中,这个眼前的生活也连接着他们的来路,诗歌的叙述在时间和情景上是多维度的,而最后,诗人叙述的是这些人们生命里的某种坚韧。作者的视角不是同情,在怜悯之中又有对叙述对象的钦佩。这种情感比一般的"悯农"诗要复杂得多。谷禾诗歌可贵的地方在于,他确实是一位对当代中国充满忧患意识的诗人,但他的现实情怀没有使诗歌观念化地成为某种"现实主义诗歌",而是相当细致地落实在具体的叙述中,这让他的作品在叙述上非常丰满、在抒情上比较节制,在场景、情感和语言各方面,显得很均衡。他的现实关怀,常常落实在非常精彩的诗歌想象中,比如这首《但是,夏天》:

  剥去我身上多余的衣裳吧
  簇新的,破烂的,不可捉摸的,让我青铜的肌肉
  隆起拉奥孔的嫉妒。我的骨头多么清澈
  还有我的皮肤,仿佛幽暗的大海
  当滚滚的沙尘暴落地,我张着嘴巴
  像不像一条上岸的蓝鲸？我的衣裳穿在树上
  多么碧绿,分解废气,呼出氧
  还用冰凉的小手摩挲时髦少女裸露的肚脐
  一张晚报遮严了她光辉的脸,我只看见
  薄敷的朱粉和两只多毛的手臂
  哦,冰激凌的盛夏,草莓的红唇
  拥着吊带背心的流行。在公园的一角
  那些跳舞的老人和滑旱冰的孩子
  尽情地释放着憋在腹中的二氧化碳,而高温的健肤机
  一点一点挤去他们身上多余的脂肪。另一条靠椅上
  一对男女逐渐接近,第一次的亲密
  像黑夜和白昼,汇合在嘴唇
  的交点。更远的铁栅外
  712路公共汽车送来更多的游园者
  他们经过的建筑工地早已清理完毕,但仍有
  钉子户坚守着,40瓦的白炽灯照耀着他们
  温馨的饭桌和墙壁上模糊的"拆"字
  一个痛哭流涕的妓女
  控诉着肉体的败絮,挣扎的呻吟,妇科医生
  的呵斥和青霉素的疼痛。

"我也不想干，但有什么办法……"
路边的垃圾箱里
一只皮鞋痛并快乐着，它穿过多少脚
却没有一个趾头留下来
现在它混迹于众多的秽物里，等待着被黎明
运走，焚烧或埋葬
啊夏天，我用无尽的汗水歌唱生活
啊——生活多么美好，我也痛并快乐着
仿佛另一只
还没有甩下的破皮鞋……
（2000年）

　　从作品中看，谷禾非常热衷于"用无尽的汗水歌唱生活"，但对他而言，生活似乎并没有给我们带来什么，除了无尽的空虚。这首诗中的"皮鞋"意象是非常有意味的，这个被遗弃的垃圾箱里的卑贱事物，却成了现代人的某种命运，它的被遗弃的形象与"我"形成某种对应："痛并快乐着，它穿过多少脚/却没有一个趾头留下来"，而生活的歌唱者，"我"，"也痛并快乐着/仿佛另一只/还没有甩下的破皮鞋……"作为一种偏重于现实关怀的诗作，谷禾的作品在现代诗所需要的想象力方面，并不比那些空灵的抒情诗逊色："剥去我身上多余的衣裳吧/簇新的，破烂的，不可捉摸的，让我青铜的肌肉/隆起拉奥孔的嫉妒。我的骨头多么清澈/还有我的皮肤，仿佛幽暗的大海/当滚滚的沙尘暴落地，我张着嘴巴/像不像一条上岸的蓝鲸？我的衣裳穿在树上/多么碧绿，分解废气，呼出氧……"谷禾即使在抒情性的言说中，他的诗歌想象也是极有个人特色，有着阳刚之气，有一种宽阔而深广的素质，宽阔中不落入观念和粗疏，细致又不流于滥情和烦琐。

三

　　谷禾的诗人气质使我联想起1930年代中后期的大诗人艾青。王光明先生在谈到艾青时说："他是20世纪中国诗歌中最有力的、以现代目光的重新感受和想象了中国大地的苦难与希望的诗人。"（王光明：《现代汉诗的百年演变》，第303页，河北人民出版社2003年版）"他的诗，典型地体现了中国社会在现代转型的过程中，一个乡村青年被现代洪流裹挟进城市社会后，对于中国土地和人民的命运的关怀。在转型中国社会城市与乡村对峙的张力场中，相对于城市成长的诗人，他是乡村的儿子，思想感情是站在最广大的农人一边的；而相对于传统中国乡村的子民，他又受过城市之光的照耀，有着现代的思想、眼光和表达方式。"（同上，第304页）"艾青是20世纪现代汉语诗歌中最有胸襟和气度的诗人之一，具有非常具体又非常超拔的想象力。比如在《雪落在中国的土地上》这首诗中，诗人能把一个民族在战争中承受的苦难，浓缩为一次雪天的从北到南的逃亡，于'雪落在中国的土地上/寒冷封锁着中国呀……'这一主旋律的反复弹奏中，选取最有暗示性和表现力的意象推衍自己对战争中苦难中国的想象。……抗战使许多曾在都市高楼大厦的压迫下躲入内心世界和艺术象牙塔的诗人，重新亲近了苦难的大地，而大地回赠给诗人激情与境界，让现代诗滚上了中国土地的泥巴，变得更加亲切和朴实了。"（同上，第306~307页）

当代中国虽没有"抗战"这样的迫切而实际的苦难，但从谷禾的笔下，我们仍然能看到城市与乡村都有的民生之艰辛，他的眼目常常驻留于此。"重新亲近了苦难的大地"和"让现代诗滚上了中国土地的泥巴"，这话用在谷禾的诗上我觉得也合适。前者是诗歌的现实关怀，后者是诗歌必须的特定的言说方式（感觉化、想象性和经验性地陈述对象），和很多当代诗人相比，谷禾的作品在主题上明显直接地切入了当下的社会生活；在风格上整体呈现出杜甫式的沉郁顿挫，而在技艺上也时时流露出第三代诗人常有的想象方式与智性、反讽的言说方式。对于时时批评当代汉语诗歌缺乏某种直面现实的深度与美感的作者，在谷禾的诗歌面前，应该有一种满足。

四

我这样说，是为了突出谷禾诗歌在当代诗歌的背景中让我感动的部分，当我说到他诗歌中的现实关怀之时，我同时也注意到他诗歌风格的多样化。如果说他的一些现实关怀的作品在叙述上很有铺排的特点，有些时候，他也有一些在语言和结构上非常精妙的作品，比如这首《一个熟睡的老人》：

> 一个熟睡的老人
> 就像一座空荡的房子，因为年久失修，
> 它的内部
> 黑暗，肃穆，荒凉，蛛网密布
> 如果一阵风吹过，
> 逝去的母亲，和母亲的母亲们回来，与他合而为一
> 会变得自然，亲切，
> 带着桃树的端庄和垂柳的慈祥
> 哦，一个熟睡的老人和空荡的房子
> 接着，田野与村庄诞生了
> 河流，羊群，炊烟
> 女人抱着孩子，沿月光走来
> ……这不是幻象
> 从一个熟睡的老人开始
> 当他和一座空荡的房子融为一体
> 我被允许经常回到屋檐下
> 成为
> 众多父亲中的一个
> （2005）

这首短诗在结构上非常精彩，从对一个熟睡老人的想象开始：

"他""就像一座空荡的房子","他"的内部情景。接着过渡到:风吹过来,历史与记忆在恢复,"逝去的母亲,和母亲的母亲们回来,与他合而为一"(这个想象非常感人,让人想起穆旦名作《赞美》中所写:"一个农夫,他粗糙的身躯移动在田野中,/他是一个女人的孩子,许多孩子的父亲,/多少朝代在他的身上升起又降落了"……)。接着是人与历史之中的"田野与村庄诞生",这既是"幻象",又是真实,这"空荡的房子",既是村庄,更是灵魂栖居之地。而"我",在不断回乡的过程中,在写作中,被不断带到屋檐下,汇入那人与历史的河流,"成为/众多父亲中的一个"。这里的核心意象是"老人"、父老乡亲,谷禾诗歌常常浮现乡土与村庄的场景。我知道一些人常常论及谷禾的叙事诗与乡土题材的作品,但即使是脱离具体的现实图景、社会事件,谷禾的一些主题较为抽象的抒情诗,也是相当出色。比如《事物的欢乐》:

> 白乌鸦围绕着灯盏
> 和四周的空地。我把桌布在院子里
> 摊开,调理脾胃,把酒杯举过头
> 啊,慵懒的春天,我要甩掉棉衣
> 一点点变回孩子,把早已生锈的铁环
> 再滚起来,带动天空倾斜
> 碎银在杂草叶的锯齿上奔跑,野荆花
> 一直延伸向交界的燕郊境内
> 这片村落,冬天却是更多乌鸦的
> 巢穴,以致要过到对岸
> 才能找到它们留下的爪印
> 并在冰层的反光里,弄出哗啦的铁链声
> 事实上,事物的欢乐
> 一直静静地站立在屋子中央,花瓶破了
> 碎瓷惊散一地
> 当我穿过风雪来到这里
> 喉咙里发出春天的咕咕声,试图对抗这些乌鸦
> 以及不断消失的田野和雪
> 尽管一切如此徒劳——
> (2006年)

这首诗典型地体现了谷禾"俗世爱"系列的风格,尘世间的万物,都因其有一定意味而应当受到关注,而在这首诗里,日常生活的一切抽象为"事物",当"事物"成为它自身,就有着某种特定的意味或美感,如T.S.艾略特(Thomas Stearns Eliot, 1888-1965)在《四个四重奏》里所写的那种"中国的瓷瓶":"只有通过形式,模式,/语言或音乐才能达到/静止,正如一只中国的瓷瓶/静止不动而仍然在时间中不断前进。"(《荒原 情歌 四重奏》,汤永宽译,第74页,上海译文出版社1994年版)

不过,此诗一个核心意象是"乌鸦",是诗人对抗的对象。谷禾的诗,

有时笼罩在一种幻灭感或人生徒劳的感叹中,这里的"乌鸦",也是爱伦坡(Edgar Allan Poe, 1809-1849)的意象,是"事物"之美的消灭者:"事物的欢乐／一直静静地站立在屋子中央,花瓶破了／碎瓷惊散一地",这"乌鸦",它在不断地述说"Nevermore"("永不复还")。从描述某种人类共有的美好与幻灭之经验之角度,这首诗非常经典。

五

谷禾类似的作品还有《一片雪停在枯草尖上》:"一片雪,停在枯草尖上／晶莹,清澈,像一只折翅的鸟儿／慌乱而羞怯／／白的羽毛粘着风雨／淡淡的黄嘴唇,细爪散乱,胸脯的温热／沿着脉纹洇下来／／夜像一口干渴的深井,村庄在熟睡／微颤的光 箍紧幽深的井壁／／一片雪,我看见它／倏然融化,只一瞬间,然后／消失于一滴混浊的泪／／一滴浊泪里的凄然。凄然深处的／万念俱灰。一片。雪。"(2006年)这是人间一个极为常见的小场景,但在诗人的描述中,透露着某种命运的凄凉。人世间,何处是栖居?谷禾曾写到"原野":

> 把原野当成生命的温柔地带,我去它
> 却愈加缈远起来。当原野上消失了
> 蓬勃的野草、杂树、荆棘,而只剩下庄稼
> 沟坎坟畔的花儿在风中加速凋零,请允许我
> 独自游过田埂时,心中升起
> 露水大的伤悲。离开村庄三公里之处
> 我一步一回的泪光深处
> 只捉到了电线上的雀点儿,以及枝头的半片残叶
> 脚下这青绿的麦苗儿,头顶着霜露
> 却并不见老,偶尔有野兔顺着垄沟狂奔去远
> 似乎它要在惊悚中亡命一生
> 壕沟里流水不复,哪里还有水草和鱼虾的踪迹
> 蓝天白云凝滞头顶,壕沟对岸
> 高速公路直穿过围起来的开发区,不用脱去鞋袜
> 我也能向着灯红酒绿飞去。仿佛
> 原野已不复为原野,我心已碎成
> 齑粉。想起童年时我也曾在原野上迷路
> 从连片的马齿苋、抓地草间摘下一朵牵牛花放在耳边
> 隐隐就传来了暴雨般的虫鸣,抬起脸来
> 看见星辰分外密集而明亮,足以照耀古今
> 让人平静地睡去,不再想醒来
> 不再侧耳搜寻亲人的唤归
> 若干年后把住所安置城市的边缘,说明我心向原野
> 却又被名利的藩篱羁绊
> 你怀疑我虚伪吧,但请不要怀疑我来自那里
> 最终还将被它一点点收回。
>
> (《原野记》,2008)

写作亦是心灵寻求栖息的旅途，与作者的乡村生活经历有关的"原野"，曾是"生命的温柔地带"，但她也在不断消失，即使是面前的真实的情景。现在，"原野已不复为原野"。虽然"我"对"原野"的心情是矛盾的，但对于"原野"的向往，仍然是一种宿命："……被名利的藩篱羁绊／你怀疑我虚伪吧，但请不要怀疑我来自那里／最终还将被它一点点收回"。这首写"原野"的诗，不是单向度地表达对某个精神之乡的怀念、向往或者幻灭，"原野"及"我"，都是不同层面的意思，二者之间的关系，也充满张力。

在这首诗里，"露水大的伤悲"、"我心已碎成齑粉"也值得注意，这是谷禾诗歌中常见的意象。他不忌讳这些词语的重复，他用这些词语反复加重内心对于生活的激动与之后的虚无，那心灵的新鲜涌动，再新鲜，也如同朝露。让我感触很深的还有这首《回乡记》：

>……
>这是我的村庄吗？楼房，公路，高树，青青原野
>也不缺少炊烟，犬吠，静夜吱吱的虫子叫
>我在鸟儿的欢鸣里上路，街巷空空
>村口槐树下，我的父亲
>和母亲，不停向我挥着枯干的手
>渐渐变矮，变暗，变成一片虚无
>仿佛我是一个过客
>即使用赤子之心，也只能留下
>他们模糊的影子
>和十万亩露水在阳光下的倏然消逝
>（2007年）

"十万亩露水在阳光下的倏然消逝"，这是一幅无比阔大的场景，也是一种巨大的悲伤。谷禾的诗歌想象是相当独特的，"露水"是他的意象系统中的一个核心词，在这里，"十万亩露水"的意味非常浓重，它在阳光下的倏然消逝，与悲伤的深切而广阔的弥漫有关。对应着"我"不断返回的村庄的"虚无"。人们常常赞誉谷禾的乡土题材的诗作，我知道谷禾对此不太认同。确实，他的写作，笔触越来越弥漫于更广阔的人世，乡村与城市，都只是叙述的对象。但我还是感觉到，在一些诗作中，谷禾以具体而深切的笔触、独特的诗歌想象，给当代中国的乡土题材的诗作，带来了某种境界上的提升，他的这一类诗，有一种深沉和阔大的品质。

六

不过，谷禾诗歌的这种深沉和阔大的品质，常常被一种他个人对人生和生命的态度所限制。他也许可以在这种个人品质中开掘更深的、更有个人独特性的诗意空间，但是，在很多诗作里，悲伤和虚无的情绪过于浓重，不仅使诗作的结尾不够深入、有力，也落入了中国

文人常有的那种"人生不过如此"的感慨模式。

《致鲁克》："……亲爱的兄弟，/那天在通州车站路，隔两年再次见到你/我第一眼就瞄上了你凸起的肚皮和鬓角的灰/大卫，泥马度，魏克，还有你我/从始至终谈论的竟然还是狗日的诗歌/我们像五个忘情的孩子/我们的身外是闹嚷嚷的食者，是轰隆隆的一条街/是北运河宽阔的流水/是更大的城市，棋布的村庄，交替的/白昼和黑夜/是沉落的银河/望不到边际的星空下，人如蟋蚁，命运无常……"（2008年）这里，我们读到了一首诗的结尾："人如蟋蚁，命运无常"，类似的语言在我前面引述的诗作中也可以见到，比如"万念俱灰"、"一切如此徒劳"等等。

我反对这些语言其实并不是因为他们是某种陈言套语，而是一种生命态度，这种习以为常的对人生和生命的决断，其实伤害了诗人对生存的继续洞察，阻碍了诗歌在人性和命运的探寻上更深的可能。

　　　　不可能的，不可能有一个花篮
　　　　接纳这羸弱而奢华的肉体，除非聚拢的骨灰
　　　　默守远离尘世的孤寂

　　　　不可能的，不可能有一叶月光
　　　　滑落曲径分岔的花园，除非羁旅的浪子
　　　　返回人迹罕至的故居

　　　　不可能的，不可能有一柄钟锤
　　　　敲响悠扬的梵音，除非唱诗的少女
　　　　按下骚动不安的春心

　　　　不可能的，不可能有一场暴雨
　　　　淋湿背负黑夜的蝙蝠，除非它和屋檐
　　　　打成一纸荒谬的协议

　　　　不可能的，不可能有一位天使
　　　　站出来指证生活，除非它出自淤泥
　　　　而不染纤尘

　　　　不可能的，不可能从一本盗版的经书
　　　　开始肉体的狂欢，除非世界从扉页
　　　　推出红尘滚滚的瓦砾

　　　　不可能的，不可能用一部戏剧
　　　　把梦境重叠现实的舞台，除非我在昏睡中
　　　　耗尽苍茫的青春

　　　　不可能的，不可能都有一首诗
　　　　让我荒芜的眼眶倾斜奔腾的洪水
　　　　除非我突然找到了自己的方式

不！不可能的，不可能有一种痛苦
诱惑我壮怀激烈，也不可能
有对立的另一种幸福，让我欢笑着

过完碌碌无为的一生
（《个人纪事》，2000年）

从诗歌的层面，谷禾的这首《个人纪事》是一首杰作，这么多的"不可能"！它深切而具体地反映了一种生命态度与人生决断，很让人感动。不过，我也看到这样的诗作背后的文化结构及它隐在的一种生命态度。诗人不相信有一种痛苦可以使他壮怀激烈，也不相信有一种幸福使他能欢笑着度过一生。对，就是"不相信"，他里面涌动的是一个声音："不！不可能的，不可能……"

张爱玲在《中国人的宗教》一文中说："……就因为对一切都怀疑，中国文学里弥漫着大的悲哀。只有在物质的细节上，它得到欢悦……细节往往是和美畅快，引人入胜的，而主题永远悲观。一切对于人生的笼统观察都指向虚无。世界各国的人都有类似的感觉，中国人与众不同的地方是：这'虚空的空虚，一切都是虚空'的感觉总像个新发现，并且就停留在这阶级。一个一个中国人看见花落水流，于是临风洒泪，对月长吁，感到生命之暂，但是他们就到这里为止，不往前想了。"（《张爱玲文集》第四卷第111页，安徽文艺出版社1992年版）张爱玲对西方文化、对基督教文化有一定了解，这里的"虚空的空虚，一切都是虚空"就引自《旧约·传道书》。东西方确实有不同的生命态度。当我们的诗人常常在说一种"不可能"的时候、说"生活不过如此"的时候，其实我很想说：还有一种"可能"的生活，还有我们不能想象的"生活"。

七

俄罗斯思想家舍斯托夫（Lev Shestov，1866-1938）也有关于"可能"与"不可能"的哲学。舍斯托夫写道："如果人昏厥过去，人们会替他取水、配药。但当人陷入绝望，我们则要吼叫：可能，可能。只有可能会拯救他。可能来了，绝望的人复苏了，开始了呼吸。没有可能，就像没有空气一样，人会窒息而死。"（《以头撞墙：舍斯托夫生活集》，方珊等译，第5页，天津人民出版社2007年版）"陀思妥耶夫斯基将自然规律、数学视为一堵石墙，这堵墙在迫使人接受它、服从它：'不可能性岂不是堵石墙吗？什么样的石墙呢？嗯，当然是自然规律，是自然科学的结论……'陀思妥耶夫斯基决不愿与石墙妥协，更不愿无条件接受它，他要用脑袋去撞墙，哪怕被人视为是荒唐透顶，也在所不惜。"（《以头撞墙：舍斯托夫生活集》，第12页）

"不可能"的墙，有没有突破的可能？东方的文学通常到此为止了。我们的诗人常常也是在这里为止。

成长于犹太家庭的舍斯托夫认为，人的生存是一个没有根据的深渊，人们要么求助于理性及其形而上学，要么听从为人们擦干一切眼泪的上帝的呼告。在上帝眼里，人类的苦难和眼泪比什么都要沉重，爱才是生活的法则。然而，恰恰是这样一种关心活着的人的真理，却被人们认为是荒谬和不可能的。舍斯托夫坚决声称，正因为这种真理荒谬所以才可信，正因为不可能所以才是肯定的。可是理性的人们至今对这种断言嗤之以鼻。所以舍斯托夫认识到，"争取把不可能变为可能，乃是一场疯狂的斗争——以眼泪、呻吟和诅咒为代价的斗争。"（刘小枫：《走向十字架上的真》，第34页，上海三联书店1995年版）

无论是犹太教还是基督教所允诺的"喜乐"，都不是廉价的恩典，而是灵魂与掌管理性和虚无的魔鬼搏斗之后的果实（正如约伯能说自己亲眼"看见"上帝，他是在经历多少苦痛与挣扎之后）。里尔克写道："我认出了风暴而激动如大海。/我舒展开又跌回我自己，/又把自己抛出去，并且独个儿/置身在伟大的风暴里。"（《预感》，陈敬容译）有更大的"风暴"，会给我们的生活带来重生与激动。这个超越性的、比"不可能"高一级的"风暴"，也可以成为写作的泉源，带来写作的新境界。里尔克、艾略特、奥登、R.S.托马斯、卡夫卡、托尔斯泰、陀思妥耶夫斯基等人的写作，正是以这样的"风暴"为源泉，在这样的"风暴"中，写作之境被重新打开，有无尽的痛苦、纠结与欢乐，但对于"忍耐到底"的人，一定会看到最终的安慰。这个"风暴"并不像有些中国诗人说的：因为我看不见，所以虚妄；他们竟然迷恋那看不见，所以他们天真。

八

从"不可能"的宣告，到明确的"认出"、真正的看见，这里关键的一步是信心，信心让人看到上帝允诺的荣耀。这也是耶稣在《约翰福音》所说的——"我不是对你说过，你若信，就必看见神的荣耀么？"而世人的逻辑是：你让我先看见神的荣耀，我再信。有意思的是，在谷禾的诗作中，有一首《坐一辆拖拉机去耶路撒冷》：

> 我记得多年前的一个夏日
> 练沟河两岸的麦子已经收尽
> 一垛垛麦秸，在暮光里
> 如蘑菇生长，又如初堆的新坟
> 我去村子里看望老去的父母
> 在一段土坡路上，相遇了陷入泥泞的拖拉机
> 拖拉机上坐满了出远门的农民
> 他们长着比我憨实的笑脸，黧黑的面皮
> 我帮他们一起用力
> 把吐着黑烟的拖拉机推出泥泞
> 他们问我从哪里来，热情地邀我
> 与他们一起去耶路撒冷
> 他们说那儿是耶稣的家乡
> 他复活后一直与上帝生活在那里

那里才是人间天堂
坐着这拖拉机,天黑前就可以到达
他们扶老携幼坐上去
唱着上帝的赞美诗
在我的注视下,一会儿就消失在了晚霞里
(2016)

  这首诗比较冷静、客观,作者叙述一个乡村场景,叙述一群乡村基督徒的生活样态。"拖拉机"和"耶路撒冷"的意象之间,有一种张力。被推出泥泞的"吐着黑烟的拖拉机",要驶向的地方,在这群出远门的农民的口中,是"耶路撒冷"。他们挤在轰隆隆的拖拉机上,在泥泞的乡间土路上,"唱着上帝的赞美诗……消失在了晚霞里"。我愿将这首诗里"我的注视",当作谷禾诗歌写作生涯中的一次驻足与凝望,也许在这之后,他有更广阔、深切的人生图景,他的诗歌那种广阔、深切的格局与品质,迎来一个新的天地。

  我想我在这里所说的,不是宣传某种关于"耶路撒冷"的宗教,而是在提醒我们的诗人:在"不可能"之外,可能有新的可能,不要过早地宣告"生命徒劳"、"人生不过如此",这其实关乎写作境界的更新之问题。当代中国有许多优秀的诗人,他们在感觉和想象力、语言意识等诗歌技艺层面,出类拔萃,但写作的生命力却不持久,其根源是他真正的生命在枯萎之际,没有得到更新,而他,并不认为,有"更新"之可能。当代中国诗人,由于对于"诗人"这一身份的浪漫主义想象,常常忘了自己也是现代世界的"知识分子",对于生命和死亡,永恒、永生与虚无,缺乏探求的责任与激情,对于这些问题,常常停留于审美的、感性的认识上。而"诗人"身份所带来的莫名的骄傲(尤其是某些著名诗人),又让他们在接触这些问题时,要么沉入迷信,要么无知地拒绝,很少有人在哲学、宗教和神学的层面,认真对待、深入这些人类根本问题。写作是一种对生命的认知。当代诗人的写作境界需要在对生命的认知层面获得进深。

  那"不可能"是一堵墙,我们能否驻足,不要轻易被它打败?我们可否努力去效法陀思妥耶夫斯基、舍斯托夫这样的人,做一个"以头撞墙"之人?——为了自身的得到救赎,为了诗歌境界之拓新。

2017年8月南宁
2017年9月武汉

树才

树才(1965—),原名陈树才,浙江奉化人。诗人、翻译家。文学博士。1987年毕业于北京外国语大学法语系。1990-1994年在中国驻塞内加尔使馆任外交官。现就职于中国社会科学院外国文学研究所。大学期间开始诗歌创作。1999年与车前子、莫非一起提出并倡导"第三条道路写作"。他把"第三条道路写作"阐释为"每一位诗人都有自己的路可走"。著有:诗集《单独者》《树才诗选》《节奏练习》《心动》《灵魂的两面》等,随笔集《窥》《给孩子的12堂诗歌课》等;译著有《勒韦尔迪诗选》《夏尔诗选》《博纳富瓦诗选》《希腊诗选》(与马高明合译)、《法国九人诗选》《小王子》《杜弗的动与静》等。2005年获首届"徐志摩诗歌奖"。2011年获首届"中国桂冠诗歌翻译奖"。2008年获法国政府授予的"教育骑士勋章"。自2014年起,通过网络视频授课,致力于"儿童诗歌写作"教育。

代表作（10首）

荒 诞

我忘记是不是
已经吃过午饭
太阳像一个疯姑娘
快把全世界给迷醉了

眼前晃过去许多张脸
我像路边的一棵杨树
对来来往往的车辆
已失去敏感

躺在花园的长椅里
我盖着阳光午睡
怎么也想不明白
童贞水一样流失了
为什么还担忧嫩芽的纯洁

上午在银幕上
欣赏到一场悲剧
下楼梯时，别人和我
说说笑笑，格外高兴
我说在没有虚饰的世界里

冷酷算是最大的真实
他们便扭过头来让我看
瞪得圆圆的眼珠子
说我的话像是诗人说的

1986 年

母 亲

今晚，一双眼睛在天上，
善良，质朴，噙满忧伤！
今晚，这双眼睛对我说："孩子，
哭泣吧，要为哭泣而坚强！"

我久久地凝望这双眼睛，
它们像天空一样。
它们不像露水，或者葡萄，
不，它们像天空一样！

止不住的泪水使我闪闪发光。
这五月的夜晚使我闪闪发光。
一切都那么遥远，
但遥远的，让我终生难忘。

这双眼睛无论在哪里，
无论在哪里，都像天空一样。
因为每一天，只要我站在天空下，
我就能感到来自母亲的光芒。

1990 年

单独者

这是正午！心灵确认了。
太阳直射进我的心灵。
没有一棵树投下阴影。

我的体内，冥想的烟散尽，
只剩下蓝，佛教的蓝，统一……
把尘世当作天庭照耀。

我在大地的一隅走着,
但比太阳走得要慢,
我总是遇到风……

我走着,我的心灵就产生风,
我的衣襟就产生飘动。
鸟落进树丛。石头不再拒绝。

因为什么,我成了单独者?

在阳光的温暖中,太阳敞亮着,
像暮年的老人在无言中叙说……
倾听者少。听到者更少。

石头毕竟不是鸟。
谁能真正生活得快乐而简单?
不是地上的石头,不是天上的太阳……

1994 年

刀削面

安德路口,电线杆旁,
一个矮汉在削刀削面。

他的脖颈一伸一缩,
他的眼睛盯住刀片,

他的下巴一勾一勾,
他的右肘甩着来回,

面条条儿一蹦一跳,
赤条条地滚进大锅。

他从离下巴最近的那儿
削起，一刀一刀往上移，

再落下来，再一刀刀
往上移，麻利，娴熟，

客人们坐等着……

很快，手掌就托不住了。
矮汉趁机瞟了一眼周围，

顺便吐一口长气，调匀
呼吸，让刀片刮刮锅沿，

对剩下的面坨下手。

这时过来一位粗瓣子丫头，
用大漏勺往锅里那么一搅，

捞满了面条，再往上一抖，
顺势就送进了一只大海碗，

一看不够，再添点儿，
然后，酱油、盐、醋……

最后撒一撮香菜。
得，您吃去吧！

出租司机正埋头扒拉。

这小面摊紧挨着建筑工地。
载重卡车开进去，又出来。

这儿的气氛热热闹闹，
这儿的灰尘一阵一阵。

红色夏利塞满了路口,
民工们吃饱了,歇着,

一面面小红旗悠悠地飘呀,
一碗刀削面足够顶一个下午。

1999 年

虚无也结束不了

虚无也结束不了……
到时候,这世界还会有
高过人类头顶的风,还会有
比爱情更晚熄灭的火,还会有
比自由还要自由的……"没有"

虚无是一只壳
更是壳里的空空
崭新的苔藓又绿成一片
那些唱出的歌已经入云
那些作诗的人正拿起筷子

虚无也结束不了……
那戳破窗纸的人只瞥了
一眼,后半生已经变了
活不下去?还得活下去
虚——无,这中间有一条缝

虚无能结束那当然好……
你也就没机会再写什么
高矮胖瘦,都过去了
我们也会过去的!拐弯处
虚无翻了翻我的衬衣角

2000 年

安 宁

我想写出此刻的安宁
我心中枯草一样驯服的安宁
被风吹送着一直升向天庭的安宁
我想写出这住宅小区的安宁
汽车开走了停车场空荡荡的安宁
儿童们奔跑奶奶们闲聊的安宁
我想写出这风中的清亮的安宁
草茎颤动着咝咝响的安宁
老人裤管里瘦骨的安宁
我想写出这泥地上湿乎乎的安宁
阳光铺出的淡黄色的安宁
断枝裂隙间干巴巴的安宁
我想写出这树影笼罩着的安宁
以及树影之外的安宁
以及天地间青蓝色的安宁
我这么想着没工夫再想别的
我这么想着一路都这么想着
占据我全身心的，就是这
——安宁

2000 年

去 来

去哪里过夜？
去大觉寺

来这里干吗？
来大觉寺

大觉寺无门
自然也无进出

大觉寺有门
自然也有石榴

还没有来
怎么就去了?

还没有说
怎么就懂了?

说话说到深处
夜渐渐就去了

问题问个究竟
答案真的来了

去哪里去?
来何处来?

争什么争?
论如何论?

绕舍利塔三匝
去来去来去来

左脚比如去
右脚比如来

任你去又来
大觉寺不觉

2004 年

率 水

谁率领水：风？
码头？岸？时间？

风率领水：风
停了，水还在流

码头率领水：码头
废了，水还在流

岸率领水：岸
塌了，水还在流

时间率领水：水
干了，时间还在流……

率水一直，在流
流向没有水的前方

冬天的率水，浅得
舔着洗衣妇的小腿肚

野鸭子一头，扎进
水里：没了，又有了

我是浙江人。人们说
率水是浙江的上游

我是浙江人。头一次
看见浙江的水在流

一天，像水光一闪
一闪之后，是明天

流走的水，是昨天
而今天，是水在流

天黑了，水声更大了
说到底，是水率领水

2006 年

爱是什么

多少人在这个问题面前
困难得说不出话来
我只偶然听见过
一次确凿的回答
那是一个孩子仰着脸
在公交车里告诉妈妈的——
"爱是妈妈！"

这孩子也就三四岁大
周围的人都听见了
我当时惊得说不出话来
我记得那一天
整整一天
我都没怎么说话
我不想说话

2011 年

雅 歌

我敲门
你的身体就开了

可那座美丽的花园
明明在修道院的墙外
我又敲门
你的灵魂也开了
像那些下凡天使中的一个
你也注定要为生活所伤
这个春天像一场约会：
朴素得只是出门走走
美妙得可以挽你手臂
上帝怎么能不应允你呢？
他爱我们是为了我们相爱
我还以为已经没有我了
是你帮我找回了我的身体
连同那颗孤绝的苦心
是的我仍然是一棵挺立的树
你能不震惊于我的心跳吗？
火山喷发也不会这么强烈
多好啊 当两个人相爱
刹那间 明白了因缘
谁能敲开你的身体和灵魂呢
除非 哦除非是上帝帮忙

2013 年

给孩子们的诗（10首）

孩子和影子

孩子还很小
大概只有五岁

她牵着妈妈的手
在入夜的公园里走

走着,走着
她停住了脚步
"咦,影子怎么
跑到我前面去了?"

妈妈也不搭理
她觉得这不是问题
拐过一个弯,影子
又跟在孩子后面了

公园里散步的人
每个人后面都跟着个影子
只有这个小女孩
不时停住脚,回头看影子

影子又跑她前面去了
她突然奔跑起来
似乎想追上影子
但影子比她跑得要快

就这样,孩子为了影子
一会儿跑,一会儿停
妈妈走着自己的路
孩子玩着自己的影子

然后呢

一个小男孩
大约六七岁
在大太阳下急走
他用手拽着一个大人的手腕

他边走边问
然后呢
然后呢
然后呢
然后呢
然后呢
然后呢

也怪了
那个大人就是不回答
孩子偶尔也烦躁
突然换了种口气
爸你倒是说啊
然后呢
然后呢
然后呢
爸你倒是说啊
然后呢
然后呢
然后呢

敢情那大人是他爸
这个人可真怪
他一路急走
儿子拽着他的手腕
一路不松口地问
然后呢然后呢然后呢……

然后他们拐过了墙角
然后我去坐地铁
然后天还是那么热
热得大人们不愿开口说话

秘密和纸老虎

"爸爸爸爸……
我要告诉你很多秘密"
一个小女孩
跑着追她的爸爸
嘴巴一秒都不闲着

一个三十出头的年轻男子
（简直是小伙子）
扭过头来
一边停步
等他的闺女
一边咕哝
"什么？很多秘密？"

女儿扑进他怀里了
突然蹦出一句
"秘密都是纸老虎"

女儿笑着说下去
"纸老虎没有骨头
纸老虎不用吃饭
纸老虎飞到了天上
纸老虎纸老虎纸老虎……"

啊 呃

小孩子很小
他坐在高高的
专门为幼儿准备的
木头椅子里

爸爸自己吃自己的
妈妈喂他
妈妈自己顾不上吃
对一个妈妈
孩子比啥都重要

小孩子太小了
他看爸爸吃得有滋有味
面对妈妈送到嘴边的匙子
却把小手指向爸爸

他还不会说话
他只会啊啊呃呃
偶尔一急
几乎哭出声来
但他不哭
吃东西怎么顾得上哭呢

小孩子啊啊
妈妈说吃吃
小孩子呃呃
妈妈说喝喝
小孩子呵呵
妈妈说好吃吧

小孩子指着爸爸
爸爸却问你要吃哪个
小孩子啊小孩子
不管你怎么表达
妈妈好像都听得懂

孩子的分类法

高铁车厢里
一个三岁小女孩
唧唧喳喳说个不停
我一路听着很开心

奶奶说她是小馋猫
她答：那你是老馋猫
歪着脑袋，又想了想
她喊：那舅舅是中馋猫

中馋猫，中馋猫……
她重复着这个新命名
闹够了，爷爷说
来来来，上厕所去

她一翻身从座位滚下来
爷爷催她快点儿快点儿
她又机灵地发挥了
快点儿，慢点儿

我就要不快不慢点儿……
然后她咬着爷爷耳朵
想说句悄悄话，声音
却很响："别告诉奶奶"

火车上

开始进入了
一个六岁小男孩
安静地坐下

他的眼珠亮晶晶
盯着车厢里的乘客
他们找座位，搁行李

他纳闷：为何都是陌生人
突然，一个人闪过身边
他欢喜地喊："大胖子！"

急得奶奶直去捂他嘴
那矮矮胖胖的男人
咕哝了一声："不礼貌！"

这个不礼貌，发生
在我们每个人的脑子里
小孩子不管，喊了出来

小鸟坐坐

早晨的阳光里
两个孩子坐在凳子上
那凳子宽宽的
没有靠背
几根木条拼成
奶奶或者外婆
看着这一对双胞胎

隔着一条过道
对面也是一条凳子
没有人坐
飞来两只鸟儿
停落在凳子边缘
但鸟儿翘着尾巴
似乎就要飞走

两个孩子异口同声
说:"小鸟坐坐……"
但鸟儿还是飞走了
两个孩子也从凳子溜下

秋虫唧唧唧

唧唧　唧唧唧
唧唧唧　唧唧
唧唧唧　唧唧唧
唧唧唧唧唧　唧唧
唧　唧　唧　唧唧　唧
唧唧唧唧唧唧唧唧唧
秋虫呀　你唧唧个没完
这边唧唧唧那边唧唧
那边唧唧唧这边唧唧
秋虫呀　我听着你唧唧
不知你唧唧的深意
你是喊是叫还是唱
我看不见你躲在哪里
就像我听不出你的深意
其实你哪有什么深意呀
唧唧唧就是秋来了

秋来了于是唧唧唧
这么深的夜里
除了我在听
一只大白猫
也在路灯下
竖直了耳朵
我看着它它看着我
我走了它还蹲那里
听唧唧唧唧唧唧

没 有

"有人吗?"
没有人回答

于是他走了进去
好像是一个空房间

房间里有门
但没有锁

"有人吗?"
他又喊了一声

还是没有人回答
但房间里传来回声

他在空房间里走动
空房间里便有了一个人

这个人是谁?
没有人能回答

也没有人知道
这房间里究竟有没有人

没有人回答
不等于没有人

树 枝

树有树枝
就像人有手臂

也有没有树枝的树
就像那电线杆

秋风把树枝上的树叶
当山楂果收走了

于是树枝裸露出来
好像手张开了手指

这些手指在冬天
常常冷得发抖

于是太阳老师
派来了好多太阳光

太阳光像手套
让树枝感到了温暖

树枝是不一样的
它们有的站在树上

有的不知什么原因
"咔嚓"一声掉到地上

有人到山里来拾柴了
这些树枝会变成火焰

用来烧水做饭
或者烤火取暖

你把树枝画成一幅素描
那就没有人能捡走它了

牛遁之

树才，一棵现代禅意的老树

一

树才4岁丧母。像田间的瓜果一样，他自自然然地长大，也不觉有何欠缺。

14岁，临近高中毕业时，"有一日，念及身世，忽大恸，猛然发现自己失去母亲原来已有这么多年！在此之前，我是敏感而不知愁的农村孩子，玩着玩着就长大了，无病无灾。我把这大恸理解为人生第一次悟：知人生的底色是悲苦了，照亮它正是儿时丧母却又不自知这一事实。没有这一悟，我就不会下决心考大学。"

高考，落榜，复读，落榜，复读……一连五次高考，直到有一天，他扛着铺盖卷，走进北京外国语学院的校门。

1987年，他大学毕业，分配至外经贸部工作。三年后远赴非洲，在中国驻塞内加尔使馆任外交官。整个九十年代，他在中国和非洲之间走着来回。2000年，仿佛"吃错了药"，非要抛下收入颇丰的一份好工作，调入中国社科院外国文学研究所，过起清贫自守的"科研人员"生活。"不管怎么说，我的人生完全是被大疑问、大迷茫所推动！我清澈之时，真有人间万象原来如此，不必为分分秒秒自寻烦恼之感。但清澈正如烛火，一亮之后，黑暗重又围拢……"树才回顾自己的经历。

从淳朴的乡村到喧闹的京城，再到原始自然的塞内加尔，一路颠簸，一路行脚，正是雪笠云瓢，放身天地，心也愈走愈净。回顾这段路程，他说："对我，正是农村、乡野的牵扯，我的浪漫就不会太浪漫，因为沾上了泥巴和粪味。也许就这样，我接通了大学4年与农村18年之间的关联，从此生命有了一种质朴的方向。各种奢华和优雅，没再能乱了我的心眼。"

本想安心写诗、译诗，然而，好友苇岸病逝（1999年），女儿夭折（2009年）在医院，世间种种变故，把他架在火上，心境大乱。

树才写道，"唉，闺女来去，折我心志，也让我陷入无解的无数次静夜自问。仍是禅智慧，暗中帮助我。我目前的努力只是着力于写，于译，于读，努力稳住自心，它实在是太灵动了，于是也妄为……去年倒是写了不少诗，最简者，如此：

月光

也是菩萨

也许，这是一首最简短的当代禅诗。

火中生莲花，烦恼即菩提，在禅家眼中，烦恼与恐惧都是心火，火愈烈，愈能开出莲花，得到大解脱。

禅悟之后，火是菩提，月光也是菩提，了无差别。

他在柏林禅寺皈依，大有感悟："诗即禅，诗道即禅道。但皈依禅，使我识见一己之局囿，之极限。""一个人若无幻灭感，则禅缘不起。幻灭愈深，禅缘愈近。"

参禅之人，面对无常的境遇，须在烦恼的荆棘丛中打滚，大死一番，方能参破生死，超越种种对立，获得大自在。

如同一枚硬币，正面是烈火，翻过来就是莲花。

这也是佛禅中的天平法则，痛苦愈深，开悟愈彻，有如香象渡河，体重愈大，愈能踩到泥泞的深处。

二

《摩诃那罗衍拿奥义书》云："譬如吐蛛丝，自性生原素。"

印度教和佛教都认为，人的出生，就要遭遇包括来自语言的各种污染，渐渐失去原本清净的本来面目。所以修行的根本就是回归湛然的本我，类似老庄说的回归赤子。在印度，真正的智者，将自己称为 dwij，意即"第二次出生"。

《碧岩录》谈及禅境也说："学道之人要复如婴孩。"

生活中的树才像个孩子，尤其到了山水之间，顿时活泼起来。他的诗中有许多新生、重生的意象，甚至落雪之后，万物都成了"新生儿"——

驾临的天使，眨着眼 / 落下嫩白的睫毛 / 事物哆嗦着，受不了 / 注目，像新生儿一样。（《下雪》）

树才在《醉酒之夜》写道："我比我的童年时期更接近于一个儿童的心灵状态。"

铃木大拙认为，在禅的里面，复归或再现的观念，也许可以从慧能要求门人彻见"本来面目"看出一线闪光。这个面目是我们甚至在尚未出生之前就有的面目，换句话说，这就是我们在尚未吃知识之树的果子之前就有的"纯真"面目。

找到本来面目，找到"无缝塔"，就找到了本心。

生活吱嗯一声 / 一个幼小的胚胎开始了运转

他在娘胎里的哭泣，把他 / 指给了古老的诗歌（《遥想生日下午》）

生活发出吱嗯一声响的时候，再大的冰凌也就开始消融了。诗人与生活讲和，选择的不是淡忘、冲淡一切，而是回归赤子，回到母亲那里，在娘胎里哭泣。

唯有赤子，专气致柔，纯粹不杂。

树才很真。淡泊清净，爱较真，为人做事也是一副真性情，毫无掺杂。他说，"诗人爱一个真字！……真到深处，好诗自出。至情无文，至文无文。"真心，真性，本真，参禅之人总要找到清净自身，也就是出生前的那个本来面目。

正如清代学人庞垲所说："禅者云：'莫将父母生身鼻孔扭捏。'作诗任真而出，自有妙境；若一作穿凿，失自然之旨，及其成就，不过野狐外道，风力所转耳。"

发心入道，须识本心。见到本心，文字和技巧也不过是渡河之筏。

顺着手指，我在寻找／月亮。（《顺着手指》）

　　月是真谛和根本，指月的手指比如文字，只是凭借，无需向外下功夫。得鱼忘筌，得兔忘蹄，都是这个道理。王渔洋说："舍筏登岸，禅家以为悟境，诗家以为化境，诗禅一致，等无差别。"

三

　　以佛禅入诗，他的诗透着山水的洁净与灵性。这既是诗人天性纯朴的流露，也是再次回归后，一颗活泼泼童心的闪现。
　　《极端的秋天》：

　　秋天干净得／像一只站在草原尽头的／小羊羔。她无助／而纯洁，令天空／俯下身来。

　　秋天是一只握有秘密的手。纯洁的小羊羔咩咩地叫着，天空俯下身来，让它偎依在自己怀里。接着，一群羚羊跑了过来，顷刻间又归于虚无。
　　心火断灭，成了一汪净水，但这需要一番勤拂拭和顿悟的功夫。在《秋天的意境》中，他让秋风拿起禅的拂尘：

　　秋风的扫帚／把每一条大街／打扫得干干净净／走向牺牲的树木／一夜之间／苍老了十岁。
　　鹰不光为觅食而盘旋／再忙的活计，在这个季节／也让位给悠远的烟斗。

　　树木在一夜之间苍老了十岁，时间的烟斗燃着，一根树枝落了下来，我听见另一种指针在滴答。

　　当万物沉浸在聆听中／一只野猫，叫了一声／突然喧住。

　　秋天如此洁净，万物都在聆听，就连野猫似乎也意识到了自己的唐突。接着一阵大风刮来，把它的影子拉得很长。
　　从冥想的烟，到洗净的天空，从虚无，到佛教的蓝，树才在寻找什么？
　　"宗教的门：秘密，洞开／乍看是黑窟窿……"（《宗教的门》）《诗篇》大约是对"宗教的门"的阐释："天空，佛教的蓝，耶稣的鲜血／伊斯兰的白袍，都来自你的变化。"
　　在树才的诗集《单独者》中，这一页是《耶稣》，相邻的一页是《和尚》，惊愕之际，让人感到他的超越和包容。
　　树才的现代禅意，不在佛禅经典中下功夫，而是跳将出去，融入广大无边的自然，在那里领略不言的禅机。
　　《大自然》：

扁豆熟了，／没有人摘。／和风醉了，／无人去扶，／大自然的一切，／来去自如。

参禅之人，无需发力，无需扭曲。扁豆熟了，没有人摘，扁豆和风一起住进了清静无为的世界。和风醉了，还是诗人醉了？以佛眼观，无俗不真，一切自在自然。黄庭坚诗云，"妙在和光同尘，事须钩深入神。"只要与万物打成一片，就会发现，道在瓦甓，禅意往往就在最简单的事物中。

又如《佛性》：

风入水，喂鱼／鱼出水，喂鸟／鸟穿越叶片的门／复喂风

万物轮回，自然生生不息，形成一个圆圈，让人想到庄子说的"夔怜蚿，蚿怜蛇，蛇怜风，风怜目，目怜心"，心灵可以像世界一样广大无边，广大到相忘。

一味向外求索，不过是韩卢逐块 向内，却是越走越广，越行越净。这中间的转折，往往需要一种宗教情怀。树才认为："现代诗人对现实情感太重，对宗教情感太弱。汉语诗人应该有一种朴素的宗教情感。比如佛禅。一个诗人单凭自己的个性，绝对抵达不了。"

四

禅和子，须将须弥芥子，山河大地，万古长空，一朝风月，统统打成一片。唐代以降，中国禅倡导一种自在自然的农人生活，远离皓首穷经，转而自耕自种，在山水间追求瞬间顿悟。白居易诗中写道，"家酝满瓶书满架，半移生计入香山。"（《香山寺二绝》）这可以看做中国禅的一个缩影。

古代禅诗给我们留下了一座机锋凛冽、诗性智慧的宝藏。

现代禅诗怎么写？如何从古老的智慧中写出新意？这是个难题。树才的诗让人眼前一亮。

《虚无也结束不了》：

虚无也结束不了……／到时候，这世界还会有／高过人类头顶的风，还会有／比爱情更晚熄灭的火……

虚无是一只壳／更是壳里的空空／崭新的苔藓又绿成一片／那些唱出的歌已经入云／那些作诗的人正拿起筷子

这里透出了独特的现代禅意。高过人类头顶的风，比爱情更晚熄灭的火，体现了诗人对一己的超越。虚无是一只坚硬的壳，而诗人正拿起筷子——意欲夹菜，还是捅破坚壳？空白之处留下遮蔽，只在黑暗的洞口透出一丝光亮。这首诗不事雕琢，在质朴清新的语言背后，是一个现代人的困惑和感悟，让人感到亲切。笔法也很现代。

虚无也结束不了……／那戳破窗纸的人只瞥了一眼，／后

半生已经变了／活不下去？还得活下去／虚——无，这中间有一条缝……

参禅不是参到一片虚无，放弃一切。透过新绿的苔藓和人间世的窗纸，诗人看到了虚无这个闷葫芦，打破它——裂开虚无，裂出新的禅意。真正的禅，是蝉在露水中的鸣唱，是清风明月下的生活，也可以是现代都市里的大自在。

柴米油盐，穿衣吃饭，禾麦豆，麻三斤，是禅。

高矮胖瘦，笔墨混沌，玻璃盏，二两酒，也是禅。

虚——无，这中间有一条缝，在微妙的汉字结构背后，暗藏着现代机锋。

叩其两端，空空如也。而中间的部分是什么？

虚无能结束那当然好……／你也就没机会再写什么／高矮胖瘦，都过去了／我们都会过去的！拐弯处／虚无翻了翻我的衬衣角

幻灭感扑面而来，而在拐弯处，虚无翻了翻我的衬衣角——极其灵动而又孩子气的一句。迈过生死的关口，是一次扔掉巨石后的轻灵。往返于北京和大理的隐者，带着雨点般的呼吸跑下山来，在车水马龙间兀自拷问。

虚无，并不是归宿。

虚无，原来像一双孩子的小手，调皮，可爱。

在现代都市的街角旮旯，在空罐子滚动的星空下，带着俏皮的禅意。

可是，虚无翻出了什么？翻出我的衬衣角的虚无？涤除玄览后的空明？还是拉扯我，让我坠入虚无的深渊？朴实的诗句背后包含着多重解读空间，呈现出现代诗歌的多义性和开放性。戛然而止，却又余音不绝，令人回味。

树才的现代禅诗质地洁净，字句简约，有时平白如话，没有纷繁的意象和修辞，但内里很深。

王夫之在《夕堂永日绪论内篇》中写道："禅家有三量，唯现量发光，为依佛性。比量稍有不慎，便入非量。"现量如《正理经》所言，"由感官与对象接触所生之认识。"也就是对所缘之境没有任何分别之心，显现分明。比量是经过思维运转，由此及彼呈现的境界，诗歌中的修辞、比拟、隐喻都在此列。禅家讲究不假思维，仅凭直觉进行"现量"观照；比量则是过多依赖比拟、推理等逻辑思维，反而远离佛禅的澄明之境，容易陷入非量与谬误的泥淖。这对于当下一味追求意象和修辞的写法，或许是一个有益的启示。

五

圆悟克勤主张"句中有眼，言外有意"，禅家的"句中有眼"，类似东坡说的"诗眼"。树才的诗多是句中有眼，意在言外。

《牧归》：

> 天就要下雨了 / 我骑牛归家
> 天空抽响闪电的鞭子 / 赶不快载我的老牛
> 四周都是我的家产 / 看看山，看看云，心就很远
> 我的老牛从不为雨天担忧 / 我常常忘记天正下雨

诗眼在哪里？牛即是牛，如同见山是山；牛也是心牛，如同我们出生前未染的本来面目。天空抽响闪电的鞭子，都赶不快载我的老牛，这里人牛相忘，物我相融。

句中有眼——眼睛是一片白雾中的黑洞。牛，半是敞亮，半是遮蔽。精要之处，便是这遮蔽的黑洞，深不见底，却依稀有一弯半月沉在那里。

那弯半月，或是牛角？

元好问说，诗为禅客添花锦，禅是诗家切玉刀。《来去》是树才的一次参禅经历和感悟，字里行间羚羊挂角，无迹可寻，细细寻觅，倒是大有踪迹。

> 大觉寺无门 / 自然也无进出
> 大觉寺有门 / 自然也有石榴

"自然也有石榴"看似寻常，却藏了深意。明代石屋禅师《山居》有言，"梅子熟时栀子香"。栀子花被称为花之"禅客"，晦堂禅师曾问黄山谷："汝闻栀子香否？"树才却调皮地回答，我看见了石榴。

门开着，沉甸甸的石榴挂在空中，一切自在。空还是不空？执还是不执？

石榴是色相，可闻，可尝，可见，是寻常之物，也是禅者的本心，澄明的真如。

《圣经》上说，"你叩门，就给你开门。"佛门也如是。只要去寻找，就算找了30年，生性愚钝如灵云禅师，也会在看到桃花后不再生疑。

> 绕舍利塔三匝 / 去来去来去来

右绕三匝是佛门礼仪，永嘉玄觉千里拜见六祖慧能，见面没有顶礼，而是右绕法座三匝。

去来去来去来，是来？还是去？还是如来如去？《金刚经》说："如来者，无所从来，亦无所去，故名如来。"要达到如如不动的心境，还需在来来去去中参悟一番。

禅者讲究须参"活句"，莫参"死句"。死句是限于常识、常情的理解，话中有话，给了答案；活句则是话中无话，没有答案，没有限定，全在妙悟。比如：

> 左脚比如来 / 右脚比如去

惚兮恍兮，如何断句？

——"比如"连在一起，突生奇趣，左脚好像来，右脚好像去，

似乎身体是一个圆，生命是一个圆。

——"左脚""比""如来"，"右脚""比""如来"，又如何？

汉语言言不尽意，往往在字里行间，暗藏玄妙。鸠摩罗什译《金刚经》远胜玄奘及各路译本，单是开篇，"如是我闻"，早已被确定为佛经固定格式。按照本意，应当译作"我如是闻"，鸠摩罗什作了颠倒，把"如"置于开头。"如"即"像"，也有"按照"之意，恍惚之间，又会觉得"如"也是"如来"，"真如"——最轻的一个字，轻轻吐纳之际，有如千钧悬在头顶，随时为你醍醐灌顶。

左右脚可以左右逢"圆"，左右脚可以比作"如来"，这是树才独有的现代禅意。

潇洒恣意，意境诙谐，略似狂禅。

外国诗坛

Foreign Poet

查尔斯·西密克诗选　　杨子 译

1938年5月9日，查尔斯·西密克出生于前南斯拉夫贝尔格莱德，童年时代陷入纳粹侵略的阴影。

1954年，16岁的西密克和母亲历尽艰辛抵达美国，在纽约与父亲团聚。芝加哥大学就读期间，因家境窘迫，曾在芝加哥太阳时报做勤杂工。1958年再次来到纽约，白天在百货公司卖衬衫，在书店打工，当过记账员和薪资结算员，晚上在大学就读。1961年应征入伍，被派往德国和法国两年。1966年获纽约大学学士学位。

第一部诗集《青草说了什么》出版于1967年，迄今共出版包括诗歌、散文、回忆录、评论和翻译在内的六十多部著作，其中个人诗集二十多部。

诗集《卡戎的宇宙观》（1977）获国家图书奖提名；诗集《标准交谊舞》获1980年度di Castagnola奖和哈利艾特·门罗诗歌奖；《世界尚未终结：散文诗》获1990年度普利策诗歌奖；诗集《遛黑猫》（1996）进入国家图书奖终选名单；诗集《稻草人》（1999）获纽约时报年度图书提名；《诗选：1963–2003》获2005年度国际格里芬诗歌奖；2007年获美国诗人学院颁发的华莱士·史蒂文斯奖；2011年获弗罗斯特奖章；2014年获兹比格涅夫·赫伯特国际文学奖。

西密克获得的其他荣誉包括埃德加·爱伦·坡奖、P.E.N.翻译奖、美国艺术与人文学院奖、古根海姆研究基金和麦克阿瑟研究基金。

2007年西密克当选美国第十五任桂冠诗人。

西密克自1973年开始在新汉普夏尔大学教书，目前为该校荣休教授。

评价

我们最优秀、最具创造性的诗人之一。

——哈佛书评

卡明斯之后,查尔斯·西密克为美国诗歌注入了最新鲜最具原创性的风格和想象力。

——圣·路易斯邮报电讯

如果有过一位其作品为艰难时期所需的诗人,他就是西密克。

——出版人周刊

美国诗歌中独一无二、必不可少的声音。

——《书单》

一位超现实主义大师,西密克在他的诗歌中塞满了恐怖电影、凄惨玩笑、残酷的冷嘲和失眠症患者在天花板上看到的东西。

——《People》

的确,西密克已经在这门艺术上持续工作四十多年,并且一再抵达完美之境。如果少了一打西密克的诗作,美国诗歌绝对更加贫乏。

——《国家》

查尔斯·西密克诗选

杨子 译

局部的解释

从我跟侍者点餐到现在，
似乎很久了。
油垢的小餐馆，
外边下着雪。

从最后一次听到厨房门
在我身后响了一声
从最后一次看到
有人走过大街到现在，
天似乎更黑了。

一杯冰水
把我安顿在
我自己选定的
餐桌旁。

还有一种渴望
不可思议的渴望
偷听
厨师们
谈话。

愉快的终结

然后他们用力压西瓜
听它裂开
然后他们撑得肚皮都快胀破
然后那只鸟唱起来哦如此甜美
这时他们坐下来又抓又挠毫无恶意
好啊我说因为就在这时
瘸子们开始在桌上跳舞
那天晚上我遇见一个天使模样的

她问你有伴儿吗
这时我正拉开她衣服的拉链
她们一大帮人
已经爬到天花板上
她们被称为恋人用牙齿
咬住玫瑰当春天
在敞开的窗外登场
就连一根用来揍孩子的棍子
也在弯弯绕绕的小路边开花
预感告诉我跟上它

一堵墙

那是找到的
仅有的图像。

一堵墙,孤孤单单,
可怜地亮着灯,招呼人过去,
但绝对不是房子,
甚至算不上为何我
记住的如此少,如此清晰
的一种提示:

我正在观察的苍蝇,
它那翅膀的细节
绿松石般闪光。
我兴致盎然看着
它的脚,追赶一道
刹那的裂缝——
永生
紧挨着纯朴的小事。

再没别的;没有任何地方
可以返回;

就我所知
也没有哪个人出来证实。

极　限

深夜里，无数阴沉沉窗口中的一扇
传出孩子的哭喊
响彻大街。
你已司空见惯，
把它当成生活的一部分。
就像你怀着同样的忧虑
就着桌灯的光
打开的这本天文学书，
和怪鸟般投在墙上的你的身影。
一个不寐的证人在这扩展着的
无限的底部，
在这一瞬，与它虚妄空间里的
一切同在，
怀着希望在深夜倾听
一个孩子哭泣，
他还要再哭一会儿。

囚　犯

他正惦着我们。
树叶，慵懒的沙沙声
让我们午餐后昏昏欲睡
只好躺下。

他琢磨我的手正在摸她的乳房，
她合上的眼睑，她湿润的唇
正压住我的额头，而树木的阴影
在天花板上飞。

持续了这么久。他无法
断定还有什么。
始终怀疑
我们根本不存在。

里边很多拐杖的风景

这么多拐杖，现在就连日光
都需要一根，就连烟也需要在它
上升时。而那些简陋的小木屋——
每位顾客一间——他们排成纵队
费尽周折出发，

我是说，千辛万苦……
而他们身后一棵棵树将会绊倒，
而蚂蚁拄着它们的玩具拐杖，
而风乘着它的鬼拐杖。

在这里我休想安宁：
面包有了人造假肢，
无头玩偶坐进轮椅，
而我妈，听着，她一边
蹲着撒尿一边用两把小刀削拐杖。

童　谣

小猪去市场买东西。
历史的需要。我喜欢朗诵
你宁愿在黑板上写。
跳背和打弹子游戏。

他们全都大脑袋短鼻子。
可爱的下午。行刑队。

一条街道负了重伤所以能继续乞讨。
永恒的循环和它的垃圾堆。

你们听从你们的号令,我们听从我们的。
士兵的手轻柔。绿草地。
打鼾的人做美梦。
我们的天国之父爱我们。

剃头匠说,一头猪长了金牙。
河岸柳树成排。
现在某人踹他让他快点。
绞索啊,给绞索喝点牛奶。

我得马上再来一支烟。
一次死刑。老结婚照。
我看见一个污点,一处霉斑,粗糙,正在缩小,
我们的生命慢吞吞跟在后边。

造成阴暗思想的学校

在黎明,
小家伙,
我能感觉到你背在身上的那些课本的
重量。

无名的孩子啊,
我无法从
结冰的运动场上
那一大群人中认出你。

单纯的孩子,
空荡荡的教室里
石灰粉刷的墙上
摆放着尺子和黑板擦。

很多窗户
很多黑板,
只有紧闭双眼
才能将它们看透。

绳子捆住的皮箱
给吉姆

他们把自己缩到这么小
小得全都可以钻进一只箱子。
箱子,藏在床下,
床,靠近打开的窗户。

黑暗中他们挤成一团
这时母亲喊他们的名字
好确认谁也没落下。
她的声音让他们温暖,瞌睡。

他想出去玩。
请求放他出去。
他们让他安静。
就在这时箱子上路了。

除非它是一个贼
而他认识另一条逃生之路,
很快边境哨兵就要过来
打开箱子搜查。

和平天国

看守我的鸟儿
在苹果树

开花的枝干上
昏睡。

一个怪男人
为一只燕八哥
在道路的
车辙里搜集石子。

成片柳树中：
水
在它决心成为水
之前。

我姐姐说喝了那种水
我会死……
这就是心跳的原因：
为了唤醒水。

杂货店

有些人，也许所有人，不知如何
经营小店
让它每天晚上
还有礼拜天全天照常营业

他们卖的玩意儿一半
会把你害死
另一半
让你回头买得更多

太便宜啦所以没法点灯
很难说清到底什么玩意儿
他们已经摆上柜台
那就是你正掏腰包去买的东西

初冬黄昏一杆铜秤
难以觉察的颤动
带来全部的寒战
全部的隆重

其中一个秤盘
用来放他们的内脏
另一个放你的——
你的重一些。

访谈
Interview

答《汉诗》问　　**刘益善**

刘益善诗选

答《汉诗》问

汉诗（以下简称汉）：您在编辑这个岗位上工作了数十年，在您看来，这项工作最重要的职业操守是什么？尤其是在传播渠道已经转型的今天，我们该怎样区别和定位"发表园地"、"文学阵地"，以及"传播平台"之间的关系？

刘益善（以下简称刘）：我 1973 年 10 月由华中师范学院中文系毕业就开始当诗歌编辑，一直到现在还在编一本给农民工读的文学杂志，是有 40 多年了。编辑要当好，确实不容易。几十年的编辑生涯中，在老一代编辑的言传身教下，加上我自己的体会，我提出了编辑的"三爱论"。一是爱编辑这个职业，你只有热爱这个事情，你才会尽心尽力地去做好。二是爱作者，这是我们办好杂志的依靠对象，编辑与作者交谊深，心相通，作者才会努力为你写稿子，把最好的稿子给你，你的杂志才能办得好。三是爱稿件，这是我们办好杂志的物质基础，不管是纸质稿还是电子稿，我们都要用心用力地去阅读，去扒拉，去沙里淘金。记得我刚当编辑那会，每天编辑部收到的稿件用麻袋装，编辑们每天从这些稿堆里淘，许多的名家名作都是这样淘出来的。今天，随着科技的进步，传播渠道多了，传统的纸质载体逐渐式微。但我们不必沮丧，这样也许更好。我们的文学期刊，发表的是有思想内蕴与艺术追求的文学作品，是文学阵地。而那些更现代些的传播载体，只是平台而已。我们也要有一些发表园地，园地是幼苗生长的地方，有许多写作者最初的练习都是从园地开始，我的第一首诗就发表在武昌县文化馆办的油印刊物《武昌文艺》上。阵地是要坚守的，金戈铁马，风云变幻，那些时髦的热闹的喧嚣的都已成过眼云烟，只有阵地还在，她在图书馆里，她在文化历史里。

汉：传统意义上的湖北现代诗歌一直以"乡村抒情诗"和"政治抒情诗"为主流，只是到了新世纪之后，"现代诗"才逐渐浮出水面并形成气候。在您看来，这其中的深层原因是什么？

> 刘益善，1950年12月生于武汉江夏，祖籍湖北鄂州。1973年毕业于华中师范大学，即从事文学编辑工作。系中国作协会员，湖北省有突出贡献专家。曾任湖北省作协副主席，《长江文艺》杂志社社长、主编。现任湖北省作协诗歌创作委员会主任，湖北省报告文学学会名誉会长，《芳草》潮版特邀主编。发表各类文学作品500余万字，出版过《我忆念的山村》《迷失的魂灵》《东天一朵云》《作家在左编辑在右》《刘益善文集》等各类作品集30余部。获过《诗刊》诗歌奖，漂母杯散文奖、汉语女评委小说奖、湖北文学奖、《诗选刊》诗人奖等奖项。有作品收入中小学课本，有诗作翻译至海外。

刘：不仅仅湖北，全国传统意义上的现代诗歌也是以乡村抒情诗和政治抒情诗为主流的。那时也有写工业题材的工人抒情诗和写军人生活的军营抒情诗，但工人诗和军营诗都不如乡村抒情诗与政治抒情诗的影响大。在中国思想解放运动到来之前，人们的思想比较禁锢，对外界的东西了解甚少，诗人们迷恋于振臂高呼与乡村纪事，像熊召政的《请举起森林一般的手 制止》，像饶庆年的《山雀子衔来的江南》和我的组诗《我忆念的山村》等，在当时都产生了较大影响。随着思想解放运动的深入，西方现代思想和文化像潮水般涌进中国，国人有的惊恐，有的欢呼，有的从不甚理解到理解到努力学习。在诗歌创作上我是属于后一类。湖北的一批年轻诗人，多是从高校毕业出来的，他们举起湖北现代诗的旗帜，写出了一批在全国产生影响的诗歌。这里面的深层原因主要是时代与环境让一代人有一代的思想，不同时代的思想局限了不同时代诗人的写作。但有的人很快就转过来了，有的人转得慢一些。

汉：记得新世纪之初，网络论坛上曾出现过一篇署名为"程咬金"的帖子，以"枪挑湖北诗坛"为题，对当时湖北诗坛的主流诗人们大加挞伐，您似乎也不幸"中枪"。时过境迁，您是如何看待这篇文章中的观点的？

刘：关于《枪挑湖北诗坛》这篇文章的事，我一直想找一个机会说说，感谢你们提到这个问题。这篇文章的作者肯定是个化名，而且不是一个人。当然，我也大致能猜到是哪些人，但是计较是谁写的没什么意义，关键在于这文章它的内容。说实话，当我见到这文章第一个枪挑的是我，语句比较尖刻，说我主编的《长江文艺》如何差，说我的组诗《我忆念的山村》写得像顺口溜，我是有点伤心与生气的。觉得还不至于这么差吧！《我忆念的山村》获过1981–1982年《诗刊》奖，收入《中国新文艺大系》等多种选本，著名诗评家张同吾在《文艺报》发表文章，称这组诗为"刻画中国农民性格特征的力作"。三十多年后，《诗江南》杂志的梁晓明发表我的一篇写徐迟教我写诗的文章，要了这组诗去，作为附录发出。梁晓明在给我的手机短信中，说是第一次读到我的这组诗，没想到有这么好。梁晓明是当下诗坛的现代诗人之一，能有搞现代诗的朋友称赞这组诗，我感到很欣慰。再说《长江文艺》，在我任主编时，两次被评为全国核心中文期刊。我省许多作家诗人，他们最早或重要作品，都在《长江文艺》发表过。我曾让鲁西西主持过诗歌栏目，发表过许多现代诗人的作品。此文对湖北其他诗人的批评，有的也言过其实。但是，随着年岁的增长，时光的进递，我对这篇文章的事淡然了，体会到这文章的作者的用心，他们是为了让湖北的新诗现代化更加快速地发展，对一些他们眼中的传统派诗人击一猛掌，让你警醒，让你更快转型。这篇文章在言辞上可能过激了点，但对湖北新诗更快地从传统中走出来，是有促进作用的，书写湖北新诗史，这篇文章不能不提到。当年写《枪挑湖北诗坛》的朋友，我早已不再对他们生气了，他们还是我的诗坛战友。

汉：您在《长江文艺》当过多年的主编社长，作为湖北诗坛的主要"掌门人"之一，您对当前的湖北诗歌界做怎样的评估？对湖北诗歌的前景有何期待和展望？

刘：我在《长江文艺》当过十五年的社长主编，上世纪七十年代中后期和八十年代上半期，我一直是诗歌编辑或诗歌散文组长。我那时写诗很狂热，写了许多诗，也发了许多诗。但我一直没有把自己当作湖北诗坛的掌门人，一是当不了，二是没兴趣。那年湖北省作家协会成立诗歌创作委员会，省作协党组和主席团要我当主任，我没有推掉，就拉谢克强和我一起当。我一直盼望这个委员会早点换届。要知我后来写起了小说和长篇纪实文学，散文也写，诗反而写得不多。但我对诗坛一直是关注的，每年还写一点诗。湖北诗歌创作一直是比较活跃的，老一代的有徐迟、曾卓、骆文等，接着有白桦、刘不朽、管用和等，再接下来有饶庆年、王家新、谢克强、梁必文等，而目前最活跃的一群六十年代后出生的诗人们，数量多，阵容齐整，有活力有创新，在全国诗坛排位，名列前茅。他们是田禾、张执浩、余笑忠、剑男、哨兵、阿毛等等，而余秀华只是个例，她的出现，令湖北诗坛更加亮眼。我希望目前湖北诗坛的这帮实力派诗人，扛起湖北新诗的大旗，不立门户，加强团结，坚持创新，贴近现实，更加注重底层诗歌的创作，湖北的诗歌将会发展得更加健康更加繁荣。

汉：除了编辑工作外，您也创作了大量的诗歌、小说和其他文体作品，在您看来，诗人写小说与小说家写诗，这二者之间有什么样不同？在您眼里，"诗人小说家"应该是什么样的？

刘：前面说过，我在上大学之前，在乡下当农民时，就开始在油印刊物《武昌文艺》上发表诗作，大学毕业当编辑后，我一直没放弃写作，先是诗歌，后来散文、小说、纪实文学样样都写，我出版的长篇纪实文学有十多本。除了诗歌外，小说是我写得最多的文体，我在全国许多杂志发表的中短篇小说有上百篇，各选刊都转载过我的小说，著名的大型杂志《十月》先后发表过我的五部中篇小说。我觉得，写诗的人写小说，更注重小说的内蕴，语言少冗言赘语，多韵味。而小说家写诗，成功的不多，写出好诗的更少。虽说有些知名小说家过去写过诗，但他是没有写成功的，小说家诗人不存在。诗人小说家有，我追求当诗人小说家，诗人小说家的小说应当是史诗，是诗意的文字。可惜我没做到，我的诗与小说都是平淡的，与我这个人一样平淡。

汉：您创作的主线应该属于"乡村叙事"的范畴，在您看来，目前我们对这类题材的写作究竟是陈旧过时了，还是有待进一步深入发掘？一个现代诗人究竟该怎么进入现代乡村，才不至于隔靴搔痒？

刘：是的，我的写作是乡村叙事，这与我二十岁之前一直生活在乡村有关，我的思想和行动，打下了深深的乡村烙印，我骨子里还是个农民。我的写作，不论是诗还是其他文体写作，人物故事和思想内涵多是乡村的。中国几千年都是乡村的中国，中国文化也是乡村的文化，只有三十年来的改革开放，乡村中国才发生了根本的变化。目前，我们用老一套写中国乡村，肯定是陈旧过时了。我们只有用新的观念新的表现手法来写这类题材，才能写出新意。这类题材的新意何在？要靠我们去挖掘。现代诗人只有带着新观念新眼光进入乡村，写出一个现代的乡村来，那才不至于隔靴抓痒。

汉：晚年写作的可能性有哪些？您退休之后是如何计划的？

刘：晚年写作可能写得更从容些，更精粹些，数量肯定少了，太大的作品肯定写的少了，但也有写出一生中最好且能流传后世的作品的可能。我退休后，曾写了一首七言诗自铭："休论往日是与非，不与他人争输赢，读书写字多走路，阳光快乐后半生。"诗属打油，但写的是真心情。诗中的"写字"既是写作也是写书法，我加入了湖北省书法家协会，经常写写毛笔字；"写字"也是写作，文学写作的笔是不会放下的。退休后，新写的作品已出版了《民间收藏纪事》，在出版前，书中的文字多在各个期刊发表，包括《人民文学》。另有一部长篇纪实文学《曾侯乙编钟那些事》即将在《中国报告文学》发出，中国和平出版社随即出版。此外，中篇小说集《金手镯》，列入"走向世界的中国作家"丛书，用平装、精装和毛边本三种版本出版。武汉大学出版社出版了《刘益善文集》诗歌、小说、散文三卷本。中国工人出版社即将出中篇小说集《河东河西》。退休几年了，出版的东西不少，但我知道留下的东西不会多，我只是追求写作使生活变得更充实。我还写些短诗与散文随笔，都是有感就发，不刻意去写。退休生活，轻松自由，阳光快乐。

刘益善诗选

神农架诗草（选章）

进 山

我是一片飘荡的叶子
飘荡进幽深的山林
沿着峰峦上下盘旋
牵着云絮左右穿行

我是一颗微小的星星
跋涉在无际的天庭
领略远山的浩茫空阔
饮啜莽林的馥郁清新

我是一只欢乐的小鸟
飞落进千年的浓荫
山风鼓荡腾起的双翅
啼叫溅落远古的寂静

我是一个远方来的孩子
寻找人类诞生的母亲
我的母亲古藤般苍老
我的母亲松柏般年轻

我是千万进山者的一个
采撷遍地生长的诗情
神农架，写不尽的诗篇
处处滴落着绿色的音韵

燕子洞
神农架山中一洞，洞里有成千上万燕子

不要攀越，不要进洞
不要扰乱那甜蜜的梦境
那是一个安定的国度
那是一个和睦的家庭

清晨，燕翅剪开晓岚
浓雾里洒下婉转的啼鸣
空山里增添一缕生机
沉睡的大山开始苏醒

天空，一只乳燕划过
消逝了一只黑色的流星
而一道黑色的弧线
却在飘逝的云彩里显影

当成群的燕子飞回
预兆了一场风雨来临
任风雨在山林咆哮吧
燕子洞栖息着和平的灵魂

不要攀越，不要进洞
不要伤害大山的精灵
请把平安系上燕翅
让她在千里林海巡行

深山稻田

开掘在这崇山峻岭
开掘在这莽莽丛林
石头剔除了,树根斩断了
一块稻田在深山里诞生

没有百里稻浪奔涌
没有春夜热闹的蛙鸣
伴着松鸡拉长的啼叫
冷落里度着寂寞的晨昏

轰轰然然的一次生长
平原的稻海使人称颂
安安静静的一次生长
山中的收获更叫人尊敬

任他人占住魁首显耀
任他人春风得意骄矜
而我甘在深山瘠地
供奉我微不足道的青春

山风轻轻地吹拂
吹拂着稻田摇摆的心旌
进山人在田边久久伫立
从稻田得到的启示很深

林中感觉(一)

有种紧迫感,有种压力
绿色的压力
从两旁挤过来
我感觉肩头的重量

只有不停止
吉普车抛下轻烟
沿绿荫盘旋
加大油门奔驰
想挣脱无形的羁绊

枉然！一种压力
追随进山的人们
那巍然的古松
那峻拔的冷杉
青藤绿叶织成的网
总使我在想
该做些什么
我这歇荫者
我感到肩上的重量
会持续到久远的时光

林中感觉（二）

没人来这么？千年古林
风也侧着身子行进
还是被树干撞肿
爬上树梢将就秋叶拨动
我遗失了什么

是的，我看不见太阳
那给我抚慰与温暖
照耀我生长的太阳
没有了，在千年古林中
我感到湿气上升
沁凉在蔓延

我找的太阳
变成了数不清的叶片

每片叶子都是绿色的眼睛
只有林中的空地上
剩几缕斑驳的残阳
太阳在这里被融化
成了大森林的鳞片
在绿色中微笑

我遗失了太阳
捡到了绿色的阳光

山 晴

喜好大晴天，早晨
紫岚从山背后爬起
在丛林和山坡
斜挂的玉米田里
洒下淡淡的温馨

阳光携着青烟
从遥远的地方降临
山岩罩在暖暖的光里了
青烟弥漫
淡了，几朵洁白的云
和暗绿的山尖对话

岩壁上有光了
裸露着胸脯
铁青的肌肉
泛着青幽幽的波纹
是力的象征
几块突出的褚石

赤红着脸
有些灼人

伐木工斜扛着斧锯走来
正是伐木的好时候哟

大山的耳朵

轻轻,脚步儿轻轻
汽车请不要鸣笛
寂静,大山没有睡去
看这满坡满崖
短木搭成的人字形
她有数不清的耳朵

我想悄悄地来
我想悄悄地去
可好客的大山哟
警醒的大山
却让我过了个热闹的假日

有花栗木的地方
就有人字形的棚架
一阵春雨过后
漫山遍野
都是她水淋淋的耳朵

什么都别想瞒过她
在春天,风声雨声
连一丝虫鸣
她都听得清楚
这是她生长耳朵的季节

喷香的黄昏

落日敛起金翅
墨绿色的傍晚
沁人肺腑,我嗅着
遥远的大山里
喷香的黄昏

松针挑起的两缕夕照
摇着淡淡的清新
归鸦就着蛋清色的
雾气,在枝头栖落
夜色在杉林里嘀嗒
还有清脆的声响
而一个朦胧的希望
装在年轻的伐木工心里
明天或许会明白

黄昏在恬静中来临
在木棚的炊烟上飘落
场坪上挂起银幕
银幕前摆起高矮的木墩
黄昏,在一个林场
喷香,我尽情地嗅着

一只松鼠穿过公路

公路,盘绕山林的弦
一只灰色的点
一道灰色的闪电
扯起车上一阵惊羡
寂静里弹起喧闹

滑落崖底
幽远！幽远

童心在大尾巴上摇曳
蹦上了松枝
嚼脆脆的松果
黑豆眼悠闪悠闪
古松上是愉快的领地
尽它吱吱撒欢

急坏车上少年：
叔叔，帮我逮一只
我作它的伙伴
车鸣笛声走了
心中抱歉：孩子
让它自由吧，生命
离不开生长它的土地

1983年7-8月神农架武昌

远山的呼唤

1
我听见远山的呼唤了
从大山的心底迸出
跃上古杉的顶梢
在岩壁间回荡
于是，我的心弦响了
发出了遥远的和声
山民的一根打杵
作为我跋涉的伴杖
沿着那曲绕的石径
我走向远山了，朋友

2
我分得清呼唤里
松涛雄浑的轰鸣
她等待寂寞的结束
是该给她重用的日子了
我听到岩层下富矿的梦呓
沉睡得太久太久
该让她苏醒了
现在是她发光的时候
崖头上叹息的是杜鹃么
也该出山了，你这英雄的精灵

3
远山发出深沉的呼唤
山风尖厉的啸声
雷霆甚至发怒燃起山火
还不能惊醒你么？
走向远山吧，朋友
我们去那里拾回青春
理想、逝去的年华
大山永远是绿色的
人生的绿色也在那里
上路吧，我的朋友！

1983年8月19日武昌

苏轼墓前

先生　我自黄州来
带来黄州人对你的问候
你曾躬耕的那块东坡
如今林木葱郁　坡上的杜鹃
正开着浓烈的思念

我在东坡麦田里除过杂草
拣去夹杂在土地里的石块
先生　九百多年前为什么没有我
为你的地头送去茶水
递上你擦拭汗滴的手巾

那个长江边的月夜
一个拄杖的诗人在此
踽踽独行　田间小道旁
虫鸣鸟叫　诗人长吟
——雨洗东坡月色清
还有前后赤壁赋　而一曲
大江东去　崛起了中国诗坛
一座不可逾越的高峰

先生，我自黄州来
你墓前草木葳蕤
墓后的思乡柏林　思的何乡？
我想那一定有黄州
黄州　有你生命五十个月的驻留
黄州　你泛舟之下的赤壁仍在
黄州　你躬耕的东坡仍在
黄州　有你喜欢的东坡肉东坡饼东坡羹
先生啊　故园神游
黄州时时等待着你的归来！

2010年5月30日武昌东湖

2014年的乡愁（3首）

翠柳街

武昌东湖边很小的一条街
街两边种的是樟树而不是翠柳

停满了没处停放的私家轿车
人们穿过车阵的缝隙
才能进入到一家家的小铺面
小餐馆最多其次是理发店茶叶店
缝纫店门窗加工花圈寿衣店
盲人按摩收废品与东北饺子店
一间屋的超市咖啡店带棋牌室

腊月间　小店门前的晒衣架上
吊满了一串串的腊鱼腊肉腊鸡
一嘟噜一嘟噜丰满的香肠
太阳出来　这些腊货们金色的笑
在都市里闪耀着温暖的光泽
小街上有个省直机关
叫作湖北省作家协会
院子里有一个秃了顶的诗人
在腊味飘散的阵阵馨香中
在小街店铺老板的外县口音里
在一条没有柳树三百米小街上
读到了一街筒子的乡愁

八大家

四哥是腊月三十做完工程
从老板那里领到工钱赶回家的
他把一叠钞票交给四嫂
他将一挂万字头的鞭炮
给儿子在大门口点着
轰隆隆爆响旧年的辛劳
轰隆隆炸响新年的希望
四哥打工的省城已经禁鞭
乡下放过鞭后再吃年饭
这才像个过年的样子

八大家是武汉南边的一个村子
城镇化正向它一步步走来
平房楼房掩在杨树苦楝树里
还有我家无人居住的旧屋
门上都贴了鲜红的对联
远远望见村子上空袅袅的炊烟
年香味能飘散十里八里
正月初一恭喜发财
拜年的人络绎不绝
还在城里没回家的人
正想象少年过年的麦芽糖味
——大哥　马年吉祥平安
手机里的短信响了
传来我长在村里的乡愁

村子边的河

村子边的那条小河
河面越来越窄了
河水越来越黑了
河里打不起鱼来了
河里没有船行了

河边的村子楼房多了
村子里的人却少了
八爷九爷都是癌症死的
十三叔五十岁花光他
办涂料厂赚的钱
也死了　那个办水泥厂的
河南来的厂长走了
走的时候被人用担架抬着
他的肝上据说尽是瘤子

村里的年轻人都走了
到南方到北方到省城
去卖力气去各种工厂打工
把些老的和弱的丢在村里
住空荡荡的楼房
患没法治愈的病

村里唯一的读大学的孩子
张家那个叫张新村的
在省里报纸上发表了一首诗
说小河上游的那家化肥厂
杀死了村边的小河
杀死了河边许多乡亲
杀死了他永久的乡愁

2014年春节写于武昌翠柳街

汉诗 Chinese Poetry

行走
Whereabouts: Bosom friend home

第三种爱	荣光启
蔡甸一日	于坚
诗七首	杨黎
诗一首	何小竹
诗四首	束晓静
诗六首	小引
诗三首	川上
诗三首	魏天真
诗一首	李婵娟
诗二首	林东林
诗五首	蔡永
诗四首	龙剑平
诗一首	匡芳
诗一首	谭卫华
诗三首	黄一叶
诗一首	余少芹
诗五首	万利娟
诗一首	张执浩

编者按：

2017年6月19日，由法国驻武汉总领事馆、武汉市蔡甸区人民政府、中法生态示范城管委会和《汉诗》主办的"中法诗歌音乐节"在武汉市蔡甸区举行。著名诗人韩东、于坚、杨黎、何小竹、庞培、束晓静、张执浩、魏天无、魏天真、小引、林东林、艾先、黄沙子、川上、许剑、荣光启、柳宗宣、李婵娟和蔡甸区部分诗人参加了本次活动。诗人们参观了知音文化的发源地、江汉平原第一峰九真山，瞻仰了马鞍山南麓的钟子期墓和知音碑亭。在毗邻后官湖的"高山流水"驿站，张执浩主持笔会，于坚从"第三代"诗人的"重建江湖"、韩东从第三代诗人的"重建传统"、杨黎从"没有'第三代'，就没有中国人今天的言说方式"等角度回溯和阐释了"第三代"诗人诗歌的历史，何小竹、庞培等也从与武汉的渊源、地理、饮食等角度细述所感。而后，诗歌音乐会在白莲湖广场拉开帷幕，诗人朗诵诗作，音乐人登台献唱，形式多元活泼，深度性融合观赏性，一千多名观众参与了这个诗歌之夜。当天晚上，不断有观众表示要为这样的诗歌活动"点赞"。多年来，有些诗歌活动沦为了诗人自己的活动，大众被很多诗人先验性地驱逐出了自己的势力范围，不是世人离开了诗人，而是诗人离开了世人。但是知音故里之行提醒我们，所谓琴师不拒樵夫而有高山流水，翼翅不拒脚足而有飞禽走兽，要离人群近一点，再近一点。诗歌没有等级，诗歌致力于打通一切等级。

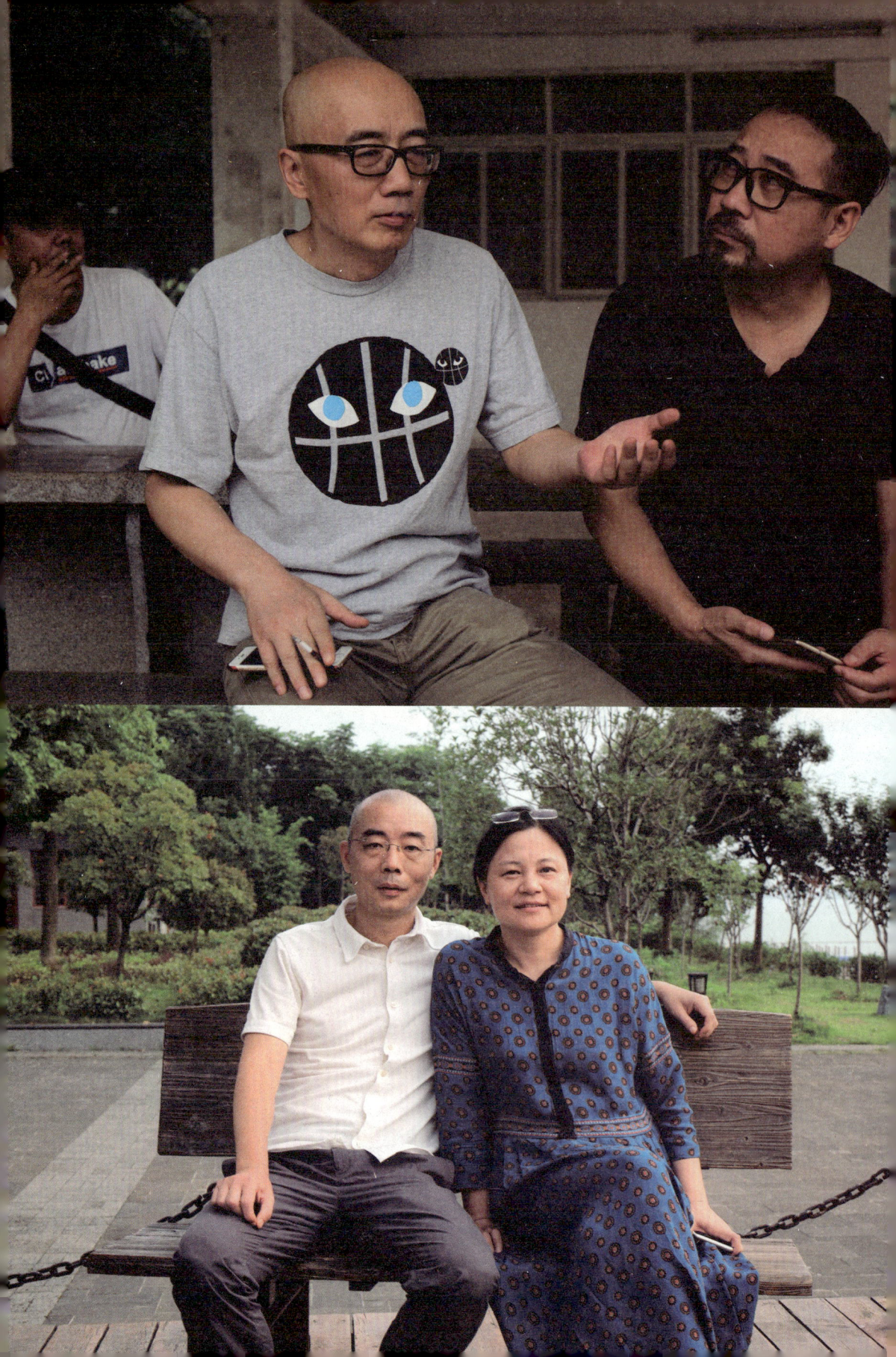

第三种爱・荣光启

在希腊文中，"爱"有几种不同的表达。首先是 eros，中文可译为"性爱"、"爱欲"和"爱乐死"，总的来说，这种爱，与性和欲望相关。第二是 storge，指的是家庭之爱。第三是 philia，指的是"友爱"。这是希腊文最常用的指代"爱"的词，相当于英语的 love。美国著名的城市费城，英文即是 philadelphia，意为"对兄弟的爱"或"兄弟般的爱"。而"哲学"一词，即是 philosophy，意为"爱智慧"，Phileo 是"爱"的动词形式。第四个表达爱的词是 agape，即圣爱，对至高的神圣者的爱。在基督教《新约》中，这种爱指的是上帝之爱。

在中国文化的背景中，缺乏这 agape 之爱，不过，作为人与人之间的慰藉，这第三种爱，"友爱"，在我们的文化中，却一直有着极为感人的文学篇章。"高山流水"的故事，俞伯牙和钟子期之间的感情，就是这"友爱"，即 philia。这是仅次于 agape 的一种爱。

今天在武汉市蔡甸区马鞍山南麓凤凰咀上，有钟子期墓。钟子期，名徽，字子期，春秋楚国（今湖北汉阳）人。相传钟子期是一个戴斗笠、披蓑衣、背冲担、拿板斧的樵夫。俞伯牙，春秋战国时期晋国的上大夫，原籍是楚国郢都（今湖北荆州）。伯牙是当时著名的琴师，善弹七弦琴，技艺高超，既是弹琴能手，又是作曲家，被人尊为"琴仙"。照今人的眼光，伯牙是个文化人、有品位的官员，而钟子期是一介村夫、估计是文盲，他们之间不可能发生什么。但是，在对于音乐的感受上，二人却心有灵犀，子期朴实的表达总是让伯牙心动。故二人一相遇，大有"胜却人间无数"的意思。伯牙鼓琴，志在高山，钟子期曰："善哉，峨峨兮若泰山。"伯牙志在流水，钟子期曰："善哉，洋洋兮若江河。"钟子期是一个"善听"的人，他能够用口语来形容在听觉中那声音的形象，换在今天，他应是位优秀的口语诗人。

俞伯牙和钟子期的故事，诠释了人世间的一种爱，这种爱超越功利性的目的，更是与性和欲望无关，它落实在共同的爱好与志向上。俞伯牙对于"音"，是技术高手，而钟子期对于"音"，是一个感受者、言说者。这是"知音"的由来，也是人与人之间一种特别的情感、一种特别的爱的关系。它超越性爱、爱情，也超越亲情，是第三种爱。

  这爱让我想起了当代中国诗坛另一对"知音"挚友：海子与骆一禾。"他们毕业于同一所大学，如此年轻，又如此杰出，在这个世界上短暂地停留。死的时候，海子25岁，一禾28岁，他们最重要的作品都还没有完工。他们是一对密友，互相敬佩和热爱，生活在同一座城市，一个尽情歌唱，一个就倾听和沉思。"诗人陈东东写道，"海子属于我们这些诗人中最优秀的歌唱。与海子的歌唱相对应的，是永恒优秀的倾听之耳。一禾有同样优异的嗓子，可是他从来不谈论，也尽量不让人注意他的歌唱。他谈论的始终是他的倾听，他愿意让其他的耳朵与他共享诗之精髓和神的音乐。一禾的这种优异，集中于他对海子歌唱的倾听。当一些耳朵出自不同的原因纷纷向海子关闭的时候，一禾几乎是独自沉醉于海子的音乐里，并且因为领悟而感叹。"（《丧失了歌唱和倾听——悼海子、骆一禾》）如果说钟子期是俞伯牙的倾听者的话，骆一禾亦是海子的倾听者。

  按明代冯梦龙话本，钟子期虽是乡野樵夫，但却精通音律琴理，由是二人意气相投一见如故，虽一人为上国名公一人乃穷乡贱子，仍结为兄弟、知音契友。可惜钟子期劳作过于繁重，旦则采樵负重，暮则诵读辛勤，心力耗费，染成怯疾，去年八月十五逢俞伯牙之后，数月之间即亡故了。伯牙再访子期之时，悲痛欲绝，无以为祭，唯"摔碎瑶琴"，从此"春风满面皆朋友，欲觅知音难上难"。作为琴师的伯牙，以后可能不会碰琴。而在海子自杀之后的第49天，骆一禾因病去世，他是太累，以至于脑出血而死，这可能是"知音少，琴断有谁听"的升级版："知音"不在，"我"活着已无意义。"知音"的故事，演绎出古今多少"第三种爱"的悲歌。

于坚的诗（1首）

蔡甸一日

那一天在武汉蔡甸　我们开了一个会
张执浩主持　韩东讲了肯定之否定
杨黎讲第三代诗歌对汉语的伟大贡献
我宣称　诗领导生命　会堂里坐着几十个人
又热又闷　没有空调　没有扇子　小引不在
忙着晚上的诗歌朗诵会　照旧戴着网球帽
在夏天　像那些弹吉他的人　艾先负责记录和
矿泉水　魏天无和魏天真不是兄妹　是
夫妻　庞培抱着个包　杨黎说完就走回去
坐在一女士旁边　何小竹依旧清秀　五十岁了
还没有腐败　我们通过写诗相识　亡命天涯
在南京　在成都　在昆明　在武汉　在大河上
在旅馆　在盆地　在杨黎他母亲家　有个夜晚
何小竹和我在高速公路上迷路　茫茫黑夜漫游
酒瓶倒下了一堆又一堆　美女消失了一群又一群
她们真的美　多年前这个国家还很淳朴　她们
个个素面朝天　这地方有些传说　关于伯牙
钟子期　他们是知音　据说曾经在高山流水之间
弹琴　琴不见了　传说就是谣言　就像我们做过的
那些事　无影无踪　唯一的证据　是这里有些
琴键般的石头　溪流叮叮当当在上面奏个不停
我听了一阵　与别处完全不同　就此认定　谣言
可信　那是一个酷热的下午　没有空调　也没有
扇子　会场外面是风景区　有停车场　有老树
有一个湖　有睡莲　还有菖蒲　当地的同志告我
菖蒲在我们湖北叫做水蜡烛　我记下：水灯
屈原一直衔着　只照亮端午节的门　晚上我们
——上台念诗　被进口射灯烤得苍白　散会后
大家又去吃烧烤　我先睡了　我一向起得早

2017年7月20日

杨黎的诗（7 首）

武汉行

关于武汉行，我想到的第一个问题
居然是要吃一顿不散的筵席
武汉有没有？这个从不服周的古城
肯定也不服天下，更别说一顿
不散的筵席（我喝过早酒）
这让我的每一次武汉行都很醉
从 1987 年，到昨天
从宜昌，到荆州，到东湖旁边
2017 年 6 月 19 日半夜，过了是 20 日
我为了清醒地离开蔡甸
就没有去宵夜，当然艾先也没喊我
这让我几天后都在思念着
应该的，应该的，好多夜光模子

在武汉的酒桌上，与小引谈论阿尔法狗和围棋

小引问，阿尔法狗那么厉害
为什么还是输了一盘给李世石？
老实说，这问题我没有想
属于非常深刻的漏算
过了好久，第二天下午吧
我才恍然大悟，是的
阿尔法狗仅仅是太厉害了
每一个算路都压倒
这世界上的任何一个棋手
但它还不是绝对正确
绝对正确一如时间从头到尾
只是还没找到，肯定不是没有

早晨的礼物

在中核大厅等出发
于坚在给小竹讲月亮
他说，那是女性
还是非女性主义的？
我正在写诗，突然
收到两张裸体美女照
是今天早晨的好礼物

与于坚一起登武汉九真人山未遇真人
但却看见好多美女从山上下来

其实我并没有去登山
我和张执浩、小竹、韩东
就坐在山下抽烟、聊天
其中一个美女
羞怯地对另一个美女说
突然间，怎么来了
那么多稀奇古怪的野男人

再见张执浩，我正与束晓静、庞培坐同一辆火车回南京
但我们并没有坐在一起

忙了一大早
终于可以安静地写诗
魏天无说
他把我的烟给了小引
他完全耽误了
一个诗人对评论家的
良苦用心

远飞538

应该从六点开始
就有人请我们吃早饭
一碗热干面
我终于知道要怎样搅拌
而中午,九真人山下的宾馆
菜很丰富,味道很足
于坚食而不言
我只能听他咀嚼的声音
晚上,已过十点
宵夜临时拉的微信群
老艾在喊
我想起前一天在今晚打老虎
他们喝啤酒,我不喝啤酒
结果我喝茶喝醉了
所以,我到现在都还没吃饱
它让我非常不喜欢
天下没有不散的筵席
那不好吃,至少不合我们的口味

小竹,某某的黄昏恋
后来怎样了?

从钟子期那里出来
执浩说,其实我们的友情
比爱情还要牛逼
小竹也说
他写作就是找知音
我为之很感动,就写了两句古诗
一生知音情,几个同志缘
后面两句,要下次去才写得完

何小竹的诗（1首）

在蔡甸

我喜欢蔡甸这个地名
如同我喜欢它周围那些
大大小小的湖泊
虽然我叫不出那些湖泊的名字
我喜欢蔡甸这个地名
也就等于我已经喜欢上蔡甸
这个地方，它的一切
除了湖泊，还有江河，天空
大地，男人和女人
感谢张执浩、小引
你们给了我喜欢蔡甸的机会
感谢许剑，你开车到机场接我
并一路送我到蔡甸
感谢林东林，你在蔡甸的湖边
用相机帮我和艾先拍了合影
感谢艾先，你一如既往的憨笑
感谢川上，你送给我诗集
感谢李婵娟，吃小龙虾的时候
你那么安静地坐在我的身边
感谢蔡甸文体局的领导
你们的热情和周到让我如沐春风
蔡甸是知音的故里
这源于子期与伯牙的故事
于此次诗会也十分应景
（与会者彼此用诗歌握手，知音啊）
但我还是有一个小小的建议
千万不要把蔡甸改名为知音
千万别，不是知音不好（知音肯定好）
而是蔡甸这名字已经很美
像一首诗，田园的，有山
有水，有草，有木
更重要的是（对我很重要）
我不希望改名之后
想要梦回蔡甸却找不到这个地方了
最后我还想说一句
这次在蔡甸听到的最有诗意的一句话
是——
在蔡甸迷路的都是蔡甸人

束晓静的诗（4首）

艾先的标准间

我们说艾先的标准间
说的
不是任何一家旅馆
从女人身上的房子说起
但重点不是房子
是鸟。一只午倦的鸟
飞过小南湖上空
把女人身上的房子
当成了流动厕所
路过的男人
很想成为
临时清洁工
他们可能希望
拥有一只
训练有素的
伶俐小鸟
但其实他们更想
成为一只
翅膀宽阔的
无国界大鸟
不管怎么说
天空暂时
还是
自由的

今晚打老虎

第二次
因为诗歌来武汉
还是没听到小引唱歌
在今晚打老虎
他明明已经拿起了琴
我看着地上的非洲鼓
想着等会可以击鼓而歌
但那晚居然
没有唱歌
小引一直在跟女老板套话
说今晚的客人
都是些超级牛的诗人
我的视线穿过他们
看见女老板的弟弟
坐在远远的吧台边上
是个很俊美的少年

我可不可以请汉诗的每个人跳一曲

中法音乐诗歌节
开幕式台上
法国乐队在一支接一支
唱各种舞曲
诗人们被安排在
第一排嘉宾座
看起来很安静
但我知道他们其实
有点坐不住
至少我旁边的于坚
他很想起来
跳一曲拉丁
我也想问执浩
我可不可以
请汉诗的每个人
跳一曲
舞台那么高
我们不会影响到
后面的观众

在知音湖读旧作

6月20日。蔡甸欢愉后的凌晨
身体突然闹起情绪
我不知道她在抗议
或者暗示什么
早晨8点 杨黎说下楼吃个早饭
一整天都没有回来
我循环做三件事
喝水 吃药 去洗手间
间或想想 裹挟着杨黎的这些老男人们
用他惯常的口气
对闹事的肚子说
我八十年代就认识他们
几十年了
你这点小毛病 算个球
他不会说知音这两个字
我冷眼旁观
几十年了 他给同志以爱
给女人以情
界限明确
一整个白天
我安抚肉身
晚上必须出现在知音湖
我要读那首给情人的诗
有情人
我可以爱你所爱
用我身体里
男人的那一部分

小引的诗(6首)

蔡甸赋

从没去过的地方,那么远,在黑暗中。
听说河水流淌,两岸相对
听说走在你的身边,可以听见大雁飞过头顶的声音。

多么努力,当我一个人路过暮晚中的城市。
我担心的事情一件件在发生
蔡甸这么近,而敬亭山又那么远。

无 题

你说的河水一定连着另一条河水
你住在河水这边
而另些人,一定在河水那边

山外面还有山
就像一朵云,从不孤立
就像宇宙对我,毫无意义

事情开始了就必须结束
直到天亮我才发现
你说的那么多话其实就是一句话

直到天亮我才发现
山坡上的墓碑真多啊
而山脚的马路上,寂静无人

分　别

昨天下午
在山坡上遇见一条狗
毛发凌乱
眼神忧伤
像我一个失散许久的朋友
它蹲在山顶
静静地俯瞰人间
我路过它
并且喊出他的名字
还能怎样
它的国家动荡不安
雨不停在下
雨又没有故乡

夜　宿

天黑之后看见许多旧房子
旧房子亮着灯
旧房子外有一条路
还有一面荡漾的湖水
正好下雨
雨水打着报春花
旧房子里面有火锅吧
旧房子好安静
旧房子里面也有性生活

羽　毛

一切都开始于一声鸟鸣
树林中突然安静了
朝下走的路看不到头
朝上走的，似乎也看不到
我独自坐在山坡
山下就是蔡甸
巨大的羽毛扫过头顶
这神秘的时刻
难以永存
为了证明人世萧条
这首诗的结尾将深入宇宙：
"我需要羽毛，很多的羽毛
以带来新生。"

太阳每天都是旧的

扫墓的人正在散去
阳光真好，接下来可以喝酒了
去橘树林中，安享这个午后

地菜鸡蛋，野韭菜鳝鱼还有
好久没吃的风干鱼块
扫墓的人需要安慰

也需要一点意外的惊喜
点一炷香，谈谈家谱
鞭炮声传到地下变成了私语

今天的太阳真好啊
照着墓碑和你
照着橘树林中温暖的寂静

川上的诗（3首）

齐物论

在九真山景区
杨黎说：我还以为
这九真山叫九真人山
其实，如果是站在
九真山的正面
站在我家乡的位置
就能很清楚地看到
九座山峰由西向东
一字排开
像九位列队的客人
由高到矮
一丝不苟地站着
最西边的那个
个头最高
之前它的头上
戴着根天线
只要它们没在打盹
它们就可以看到
不远处的操场上
我和我的同伴
也在列队
由西向东由高到矮
个子最高的那位
是我家三哥
他的身上也背着一根天线
我们的发报机
随时准备着
向天空发出一个信号

仪式感

与手
有关的
动作
大都
带有
仪式感
譬如——
点灯
织布
拾稻穗
譬如——
插秧
推磨
打糍粑

水是会呼吸的

水是会呼吸的
同样会呼吸的
当然还有水边的
这些树
这些楝树、柳树、樟树
一棵棵被复制
一直到围成一个圈
站在湖堤上
也许是风的缘故
它们的身体
微微有些颤抖
就像水面的那些波纹
荡漾到皮肤上
那种痒　轻轻颤动
若是站得高一点
若是从空中
往下看
这些颤动
就更显热烈
这群水边的围观者
它们站在湖堤上
彼此之间空出
大致相同的距离
风朝一个方向吹
它们用枝叶
填补其间　空出的部分
唯有湖心的那块石头
不为风所动
它一直待在湖面之下
很少有人能够听到
它真实的呼吸

魏天真的诗（3首）

摇滚歌手

唱英语歌的法国姑娘
使劲往下抻她汗衫的前襟
仿佛要把所有的空气泵进肚里
仿佛再用一点力
再往下多蹲一厘米
就能让守规矩的观众
在腋窝下长出翅膀
就能让强光里跟跄的蚊虫
找准方向
就能让阴影中撕咬的两只土狗
捐弃前嫌，挽着尾巴一起游荡
就能让
一声声的我爱你
刺穿晚霞和流云
蒙住喷泉、霓虹、射灯
以及白莲湖里
所有的涟漪

九真山的形色

用形色这款软件
很容易叫出栈道两旁那些
辉煌花朵的名字
秋英、黄秋英
金光菊、黑心金光菊
被它们包围的是一片矮种向日葵
像缴枪的俘虏那样头颅低垂

形色认不出野蜜蜂
也拍不下它们无目的的忙碌
像散兵游勇，也像真正的先锋
这里那里轻快地点击
与其说是在吸食花蜜
不如说是把蕊头的诗意——取缔

形色追逐着在桥上照合影的诗人
连同他们的湖中倒影
把他们全都命名为风信子
知音难觅，仿佛是要验证这一寓意
刚下桥头的诗人分成了两批
一部分走山路有去无回
一部分在水边死不改悔

在大茶室

午后的座谈会
使这间昨晚还很空旷的茶室
变得逼仄
诗人们的高谈阔论
如响鼓重锤加低音炮
终于把人们称为历史的
那锅糯香的稠粥
击起了波澜，而我
好不容易找到一把空椅子
未及落座，就开始搜索枯肠
安慰刚结识的小美女：
你这么漂亮，这么快乐，这么健康
当然不能成为诗人
你自己就是一首诗
你不能写诗
因为人们不能想象
一个人
头上长出一个头
手上又长一双手

李婵娟的诗(1首)

知 音

在白莲湖广场
通往"高山流水"
有一片小竹林
我用指尖轻轻触摸了
一片竹叶
整片竹林发出簌簌的声音
我只是在心里
默念着你的名字时
摸了一下竹叶

林东林的诗（2首）

在九真山

有人爬上山顶时
有人正在绕过湖水
当他们都停下来的时候
只有绿色还在行走

九真山上这唯一的颜色
既属于草，也属于木
草非木，木也非草
但当我们说起草木时
它们都属于绿，都指向黄

这两种颜色，我都熟悉
我更熟悉的是它们的交替
就像日复一日，某个我
也会在我的五官之上出没

朗诵会

一位诗人将要朗诵时
舞台后的湖面上
突然响起音乐，升起喷泉

所有观众都离开座位
冲到栏杆前拍照
这多少让人有点尴尬
尤其是，让我们这些诗人

当音乐喷泉停下来时
所有人又都回到了座位上
就像什么事情都不再发生时
诗又回到了我们身边

蔡永的诗（5首）

总是这么热时立秋了

去后官湖或者莲花湖，听你的
谈论一阵风或者一阵雨
你听秋天的
不要不相信季节
它火热后的收敛和干渴中的喘息
你看到的晚霞如此夸张，
一眨眼就跳出一颗颗红心
你经过的行道树如此兴奋，
一嘟嘴就献上一朵朵玫瑰
立秋注定是个撩人的话题
衣服不爱肉体，而爱汗水
诗不爱文字，而爱冰啤
还有这么爱，还有这么热
你给了太多，我却已经来不及
春花秋月不会惊惶失措
春华秋实不会改变主意
做一场秋梦要听天由命
也要拼尽全力

你懂的

秋风是好色的
撕下多少树叶，扯下多少枝条
一探手，乳房上的晕
再一探手，骨头中的磷
所有不懂的诗句
都适合表达爱情

就算你不懂，这些惊喜
来自于女人
来自于花朵
趁太阳还没开口说话
趁小鸟还在化妆
我才颤颤栗栗地爱你

我装作正人君子
你装作噤若寒蝉
一定是眼光剥下你藕色的衣裳
刀在匍匐前行
海浪屏住呼吸
我想你懂的

沉 湖

凫雁飞过　风浪兴起
满当当一湖景色　一湖故事
占领了整个记忆

应该劝饮　还是不劝
端上来豪情壮志　离情别绪
一股脑喝个掉底

人像李白一样　水像洞庭一样
这时节也不过泛舟　写诗
也不过烂醉如泥

千杯万盏　斟了波涛万亩
千言万语　说了心声一缕
春生蒹葭　秋老芦荻

十二绝

找到一场美梦，需要彻夜难眠
唱响一首赞歌，需要哑口无言
我的表达，越来越深切而遥远
不是借酒浇愁，就是忍泪装欢

浪漫是不合时宜的

这年头，要是还有人，和我一样
喝点儿酒，吟几句诗，真那么不合时宜
趁着傍晚时分，找家湖边小店
对那可心人，看那红日西
水泥地面是我的桌，钢筋丛林是我的客
灰蒙蒙的空气是我满天招摇的酒旗
湖是一锅汤，莲是一盆菜
如来坐在莲花座，超凡脱俗貌似神秘兮兮
捏着鼻子，唬着眼睛，眼观鼻，鼻观心
拈花一笑启朱唇，正儿八经好单纯
要说不是装的，真那么不合时宜
且看我喝醉了酒，吟歪了诗
听我平平仄仄唱偈语，浪漫是谁的秘密
我不会不动心，我不会永远埋葬真情
来吧狂呼豪饮吧，所谓浪漫，不合时宜

龙剑平的诗（4首）

死去活来

我在薛家山下走来走去
打碗花在我父亲走过的田埂上死去
活来
我把父亲在诗里写来写去
我恨我自己
不能把父亲写得死去活来

铁犁头

春雷于无声处，惊飞
谷雨深处
借闪电的眼睛
我看见自己谷雨一样的青春
谷雨之外，父亲
像一个锈迹斑斑的铁犁头
留下的钟声
悬挂在村头的老楝树上

一盏灯

姐姐用墨水瓶做了一盏煤油灯
如豆的灯光跳动着她的梦想
临近中考，母亲踢门而入
吹灭了那盏灯
姐姐的眼泪是我读书的一盏灯
她再也没进学校门
我无力为姐姐重点一盏灯
她至今还做着贫穷的功课
那盏灯埋进了老屋的地下
老母亲每天在上面走来走去

劁猪佬

我有幸居九佬十八匠之首
腰间皮夹子里别着一把刀
专割牲畜的睾丸或卵巢
手起刀落
比刀子更锋利的目光
让牲畜不寒而栗
方圆十里
一把刀阉割了传宗接代
牲畜怕带刀的人
带刀的人怕来世成为畜牲

匡芳的诗（1首）

这里是蔡甸

这里是蔡甸，一只麻雀穿过树梢
唤醒了黎明后的小城
古寨临嶂隐约不见，被天色收融
从东到西，宽广的汉蔡高速
突然显得狭小

每个清晨，我都和她说早安
我问候每座楼和每棵树
我和所有的陌生人一起跑步
当树林开始有曙光
我的孤独没有留下阴影

这里是蔡甸，一轮月亮
送来了夜晚。清浅的光辉挂在九真山巅
知音故里的月牙洁白明亮
我想你时，眼睛就会发出同样的光

每个深夜，星星和我说晚安
一杯浓茶，晕染了窗外在夜色中静默的槐树
它们多么安静，从来不互相交谈
生怕惊扰了我的孤独

谭卫华的诗（1首）

中法诗歌音乐节

风从异域吹来
紫薇开出水波的柔曼
弦歌唱响天宇的蓝
第三代诗歌，筑起远方
圣火传到山顶
众生仰望
目光屹立成峰
汉字砸掉枷锁，立地、成佛
捅开窗户纸的秘密，无需披红挂绿
用否定去肯定
也用肯定去否定
割据棋枰的黑白世界非黑即白
最后的劫数，也不排出白马非马
我的野心堵在路上
一个又一个悬念溅湿江湖
贫血的领土，无力绚烂夏花
一支天籁冲出埋伏
"生命自会寻找出路"
两百亿岁的宇宙道破玄机

黄一叶的诗（3首）

后官湖

足以让我翘首，这些
养在深闺的水泊
隐于草棵，静卧虫鸣
山脚下，用自己照见一段流水
劈出蹊径
烟波是打马而过的红尘
刚好迎合一处转身
听琴人与众书生擦肩而过
我周身的毛孔舒缓成水
打湿的夜如倦鸟钻进你的丛林
绕你碧波荡漾

香炉山

许下愿心那一刻
跪拜出的青烟，仙袂飘飘
石阶是俗世磨出的坎
一级级造化
石斧，纹锦陶片已遁入
七级浮屠
九真山的膜拜是水的迢迢
普度众生的船就此搁浅
香妃仿佛一个隐喻
她的魂魄一直在水央，引渡
香火是延续的根
一个山包，容下众生
不容之事

试斧石

樵夫操起板斧，砸下
楚王朝被劈开
内核飞溅，仿佛瑶琴震颤的余音

高之山，低之谷
倾听前朝旧事，隐贤一段流水独白
拨弄于一根根柴薪上

如弦。调试
骨子里烟火缠绕野风
云梦泽旗幡动荡

走进知音谷，除却翻新的草庐
一切如水的过往。试斧石旁
我也想拥一把斧子，试试刀锋

余少芹的诗（1首）

我的心里爬满了蚂蚁

六月下旬的杨柳堤
飞絮的游戏早已收场
有人又在白莲湖拾掇出了新的戏台
听奶奶说她是后官湖最肥美的一截
围观的眼睛太多
他们的声音跟这季节一样火爆
——"哪里有什么戏看？"
直到黄昏里一团异域的风情袅袅升起
他们的心才像块石头砸进胸腔
我不是喜欢安静的佛像
不需要一种叫 music 的东西提神醒脑
我纠缠着什么，梵音一样遥远
鬼才知道它来自宇宙的哪一段记忆
有人说，谁知道第三代
有人说，用否定表达肯定
再用肯定表达否定
还有人，顶着一头雾水
表达个人的崇拜或者爱
那些蚂蚁中了来自天籁的魔咒
我就像后官湖里的一条小鱼
流下滚滚的泪水，烫伤了自己
在岸上，我的心脏经历过噬咬
没有人听见
那些声音充满质感，如金属断裂
关于音乐，关于运动
我相信无师自通的传言
做一个诗人
我从一开始就被拒之门外
坐在门槛上，我忽然想起父亲
一个解放军文工团员
他曾温柔地告诉我，诗是他一生最妖艳的情人
而我，只想看看那晚的月亮

万利娟的诗（5首）

折 扇

小嗜好。一把折扇，高风亮节的骨节里
藏有月光、香奈尔和旧故事
孔雀开屏时，扇面的花朵与蝴蝶
也粉墨登场

留白处留白。虚位以待
它跟了我很多年。比有些情话，还久

以梦为马

那些疯长的念头，寄居在体内，如影随形
不必惊慌。暴风雨，总是要来的

这些年，它们是罂粟花，随风摆舞
更多的时候，它们是白云，随风幻灭

老一辈人说，人到中年了，还折腾
我知道，我任凭一匹马，狂奔

算 命

也有命定么
春水照旧向东
落花照旧老去
而雨，照旧在窗外，复制绝响
老天，正了正颜色

饮一口药酒
一块石头，要落地生根
一朵昙花，要同享甘露
栅栏，阻挡不住掌心的马蹄

算不算命，都一样
月亮像个完美的疤痕
她不饮酒，照旧比我擅长治愈

雪，还在下

囚于网中央。这空城，需要一把火
一晚上的歌声，层层封印
压不住痛。痛过雪的白
而雪光荒诞，过于晃眼
在一缕梅香里死去，顾不得桥有多险

前进一步，就是江湖。刀剑相交
我只要一方山水，只等我的王
归来。我必还你春花秋月，赠你彤管

一滴水被雪藏，必有自投罗网者摔跤
熬不过夜的黑，飞蛾扑火的人
试着以雪的方式，爱你

而雪，还在下

一些流水，一些风

流水是黑的，贩卖久违的亲近
俯身，鱼群在倒影里游出游进

一些陈年旧事
从村东头墙根晒太阳的陈太口里抛出来
下回再说时，倒影般地走样

那些过往，虚幻地存在着
如同水里的云，抓不住，也拂不去

起风了，浪花卷走落花
而风所经过的地方
所有的事物都在震颤
即使是水，即使是石头

张执浩的诗（1首）

在知音故里

最好的琴一定能弹出流水的声音
最好的耳朵要对得起嘴唇
最感人的故事已经发生过了
还要发生一再发生
最想见的人关乎友谊而非爱情
最纯粹的流水紧贴卵石
最好看白云在天上翻滚
最称职的樵夫能吃从木纹里预见
火焰的形状和灰烬的颜色
最深刻的记忆是那年夏天
五岁的我独自坐在灶门前
用火钳拨弄灶灰
没有风的时候它们是灰
风来了它们是尘

Chinese 汉诗 Poetry

敬文东
JING WENDONG's Column
专栏

颓废时空形式——诗与颓废研究之三

颓废时空形式
——诗与颓废研究之三

敬文东

卡米拉·帕格利亚认为，颓废源于阳刚之气的丧失；她好像是意犹未尽地进一步下结论道："颓废是一种病态的西方目光，它是一种艺术的窥淫癖之性强化。"[1] 弗洛伊德的信徒嘛，无论男女老少，都是些菲勒斯中心主义（Phallocentric）的被掌控者，向来只崇拜性，不承认生命短促更有可能成为一切问题的总根源。生命短促联手万古愁（或千岁忧）之叹，成全了人生苦短的观念；人生苦短的观念伙同不可解释、难以测度的个人情怀[2]，催生了人生的无意义本质[3]；人生的无意义本质委身于颓废，成为颓废的核心内容，却又不得因此将之归诸虚无主义，或怀疑主义。马泰·卡林内斯库无不夸张地指出："主义"这个后缀（–ism）"意味着非理性地坚持某种狂热崇拜的各项原则"[4]。怀疑主义相信一定有真实可靠的价值和意义存于世上某个地方，却怀疑眼下的一切——怀疑不是无，是为了找到最终的有。虚无主义意味着一切皆无、万物皆空，在明知人生无所依傍后，仍然拒绝寻找依傍，并以此为方式"狂热崇拜"一切皆无的观念，效忠和取悦于万物皆空的信条。所谓"于一切眼中看见无所有，于无所希望中得救"[5]，乃"自欺"却并非"欺人"之谈，"掩耳"却未能"盗铃"之举——尽管修辞和句法确实很高明。作为一种看待世界的特定角度或方式，颓废虽然驱使颓废者必须以人生的无意义本质为开端，却又催促他们有趣地填充空白的人生，给人生的无意义本质添之以乐，并在对功名利禄的蔑视中获取凭靠，以至于不惜"像胶囊一样被这张竖嘴含化"。依爱德华·萨义德（Edward Said）之见，开端（begin）较之于起

---

[1] 卡米拉·帕格利亚：《性面具》，王玫等译，内蒙古大学出版社，2003年，第4页。
[2] 关于性情的不可解释性，请参阅刘小枫：《拯救与逍遥》，华东师范大学出版社，2007年，第346页。
[3] 人生苦短从逻辑上可以导致人生归零之外，还可能导致另一个结论：即努力建功立业，导致人生之全，即对人生的完满占有（参阅周国平：《只有一个人生》，《读书》1991年第3期）。对此作何选择，全看个人性情，而性情无法解释，不可测度。
[4] 马泰·卡林内斯库：《现代性的五副面孔》，顾爱彬等译，商务印书馆，2004年，第77页。
[5] 鲁迅：《野草·墓碣文》。

源（origin）更具有主动性："X 是 Y 的起源，开端性的 A 引致了 B。"[6] 颓废作为人生无意义本质"引致"出的生活态度，大体上介乎于纯粹的虚无主义和俗世的建功立业之间，跟怀疑主义了无干系：就其蔑视俗世勋业而言，它为了给蔑视索取必需的力量，不得不借光于虚无主义，毕竟虚无主义具有化一切实有为乌有的能力，还因为入世的火热之心，正急需要出世携带的淡然充当清凉剂；就其警惕虚无主义而言，它为免于效忠虚无主义的"各项原则"而靠近事功，却又以醇酒妇人充任俗世勋业的代用品，在靠近事功中主动疏离了事功。颓废不消极，不厌世，不萎靡，不塌败，更倾向于笑着。它倡导及时和即时的享受，并欢快于这种享受。"乐"才是颓废（者）的核心："啊，愿这礼物令我昏睡！"（宋炜：《圣瓦伦丁节的对话》）[7]

颓废发源于人生苦短的观念；正是这个素朴、简单的事实，决定了颓废的现时品格，恰如宋炜的吟诵："在她随地搭起的花架子中／连今生也没有，何况来世？"（宋炜：《风月笺》）颓废者早已经验到：往者已远逝，来者不可期，唯有处于"现在"进行时态中的"现在"可以凭恃，可以被把握[8]。瞬刻即永恒的禅宗境界，原本就不是颓废的本意；颓废者想要的，不过是现时中的即刻之乐——它总是处于流动之中。无论是静止性的永恒，还是永恒为自身认领的静止特性，都不值得颓废者追求。鲁迅说："颓废者没有一定的理想和无力，便流落而求刹那的享乐；一定的享乐，又使他发生厌倦，则时时寻求新刺激，而这刺激又须厉害，这才感到畅快。"[9] 虽然鲁迅在道德／伦理的方位上，隐隐约约否定了颓废者（"没有一定的理想和无力"），却从时间的角度，准确理解而非肯定或赞美了颓废者（"刹那"及其"享乐"、"刺激"和"畅快"）。

---

[6] 爱德华·萨义德：《开端：意图与方法》，章乐天译，三联书店，2014 年，第 21 页。

[7] 这与李泽厚提出的"乐感文化"大有区别："乐感文化"的核心是中国人面对唯一一个世界仍然庆生、乐生、肯定生命和寻找幸福，颓废者的乐恰好建立在生命空无的基础上，有"江南无所有，聊赠一枝春"的意味（参阅李泽厚：《中国古代思想史论》，人民出版社，1985 年，第 295—322 页）。

[8] 参阅詹冬华：《中国古代诗学时间研究》，中国社会科学出版社，2014 年，第 43 页。

[9] 鲁迅：《二心集·非革命的急进革命论者》。

和鲁迅的讽刺性语调相比，朱自清鼓励人们行乐或建功都要"及时"的劝诫性口气确实来得格外"及时"："无论怎么说，刹那总是有的，总是真的；刹那间好好的生总可以体会的。好了，不要思前想后的了，耽误了'现在'，又是后来惋惜的资料，向谁去追索呀？你们'正在'做什么，就尽力做什么吧！最好是 –ing，可宝贵的 –ing 呀！你们要努力满足'此时此地此我'！——这叫做'三此'，又叫做刹那。"[1] "三此"有望成为"此在"（Dasein；being–there）的组件；所谓颓废的现时品格，就是一个接一个飞逝的刹那既被颓废纳于自身，也被用于对颓废的展示，即刻之乐和及时之乐因之迅速成型。恰如鲁迅和朱自清暗示的，和颓废配套的时间形式唯有现在（"刹那"或"三此"），所谓"饱飨此时此刻"（肖开愚语）；书写颓废的诗篇需要的时间形式也唯有现在，所谓"端庄的人道就是如水的天命"[2]。而在华夏文明中，天命即此刻，人道也只在此刻，所以子产才说："天道远，人道迩。"[3]

现在是颓废主义诗学唯一的时间形式，存乎于每一首书写颓废的诗篇。现在的本质内涵之一，就是有颓废者（即"此我"）存于其中的时间"段落"，就是属于颓废者的时间"段落"。颓废者和时间互为内在之物，互为镜像：这就是现在的本质特征。现在必须首先是人的现在、可感知的现在，最终才成其为现在；无人存在或无人进入的现在不仅不是现在，而且不可想象。现在只能是裸露的，不仅没有穿金戴银，甚至没有皮肤：血管裸露在外，只要是颓废者，就能看见血液的流动；它以盐溶于水或水乳交融为方式，浸润着诗篇的呼吸，感应着诗篇的搏动。从表面上看，宋炜存乎于"天人之际"的隐秘之乐只是事后的愉快回忆，是后置性的，好像在印证华兹华斯的观点：诗"起源于在平静中回忆起来的感情"[4]；李亚伟带有终极品格的"酒之路"借助于浓墨重彩的抒情，似乎把诗篇本该拥有的时间结构给掩盖了、吞噬了，诗篇好像真的处于无时间性的状态，像一个平胸的少女，干燥如沙漠。事实上，隐秘之乐和"酒之路"始终浸润于现在进行时态（即 –ing），回忆仅仅是将隐秘之乐唤至目前、现在、此刻，任由诗人反复打量和撩拨，任由读诗者和作诗者一道，永远共时性地偷看蜜蜂采蜜于姑娘的花蕊，蜂鸟试图着陆于姑娘的隐秘之地。而浓厚的抒情只有被一个瞬间的现在所浸润，才能让带有终极色彩的"酒之路"呈现出看似无时间性的样态：在颓废的本体论特征操纵下，现在有时候很可能像隐身衣一般，不但掩藏了别的东西，也将自己隐藏了起来，仿佛自己和别的东西真的不存在。乔治·布莱的得道之言，能为宋炜的

---

[1] 朱自清：《刹那》，《朱自清全集》第四卷，江苏教育出版社，1996年版，第129页。
[2] 陈瑞生：《给宋炜的齐东野语》，《红岩》2014年第3期。
[3] 《左传·昭公十八年》。
[4] 华兹华斯：《〈抒情歌谣集〉一八〇〇年版序言》，曹葆华译，伍蠡甫主编：《西方文论选》，上海译文出版社，1979年，第17页。

回忆引导出的现在辩护：所谓诗，不过是"作者以往经验的表现。他唤起过去，他唤起过去的现实的时刻，这是两个时间，都属于他自己的生活。从过去移往现在，经验并未改变接受主体。同一个人经验两次，这个人就是诗人自己"[5]。赵汀阳无心插柳，却替李亚伟道出了"酒之路"的终极性刚好隐藏于现在或此刻（即 -ing）："终极性就在现实性中，或者说，终极性就是现实性。"[6]

对于裸露的现在所拥有的特性，宋炜看得很清楚："现在就算我们一道／往更早的好时光走，过了天涯都不定居，／此成了彼，彼成了此，我们还是一生都走不回去。／看呀，千百年后，我依然一边赶路一边喝酒，／坐在你的鸡公车上，首如飞蓬，鸡巴高高地翘起！"（宋炜：《还乡记》其三）[7]宋炜的暗示很准确：在颓废者（比如宋炜）眼中，赤身裸体的现在既不来自过去，也不通往未来，千百年后盛纳"一边赶路一边喝酒"的那个时刻，仍然是千百年后的现在：那是被预支，而不是被期待的现在。它看上去被寄放在千百年后，却被宋炜用回忆将来的方式拉到了眼下，亦即颓废者构筑诗篇以便及时行乐的这个当下，这个孤悬时光于轴线的此刻。诗篇中的时间形式死死揪住现在，并将之纳于自身。在此，宋炜把回忆将来转化为回忆现在，把正视现实变作回顾现实：颓废者的回忆倾向于把一切时间形式都弄成现在，而不仅是看作现在，就像没有媒妁之言的男女把生米煮成熟饭，震惊了双方的父母。与宋炜相比，李亚伟说得既简洁，又便捷："历史越来越模糊，大地越来越清晰，／时间越来越短，短得分不开，成了黑点，成了现在。"（李亚伟：《河西走廊抒情》第二十四首）柏格森似乎从意识研究与分析的角度，为这种看似奇怪的现象提前给出了哲学解释："这是一系列的状态，其中每个状态都预告着随之而来的状态，也都包含着已经过去的状态。"[8]依李亚伟之见，裸露的现在意味着黑点般的刹那，它在快速移动；大致上，黑点的现在正是按照柏格森描述的方式以形成自身，只是将"已经过去的状态"给抹平了。黑点的现在拥有大剂量的信息，宛如全息图。对于唯有以蔑视充任意义之塔的颓废者，诗和写诗都位于及时行乐的重要方式之列；作为及时之乐和即刻之乐的写诗，则能将一切时间范式凝结为诗中的现在，过去与未来纷纷顶着现在的面孔，呈现在写诗者和读诗者面前——这刚好是对现在的裸露特性所做的精确理解。所谓裸露，就是只在一个瞬间毫无保留地敞开自己，以便把通常意义上的过去与未来纳入自身，最终，不着痕迹地取消了未来与过去。书写颓废的诗篇乐于拷问、榨取现在中蕴含的一切可以被榨取、被拷问的东西——

---

[5] 乔治·布莱：《批评意识》，郭宏安译，百花洲文艺出版社，1993年，第30页。

[6] 赵汀阳：《一个或所有问题》，江西教育出版社，1998年，第162页。

[7] 对最后这句神来之笔，秦晓宇有过颇有眼光的评价（参阅秦晓宇：《七零诗话》，敦煌文艺出版社，2006年，第101-102页）。

[8] 柏格森：《形而上学导论》，刘放桐译，商务印书馆，1963年，第5页。

> 秋尽了，大地运载完黄金，开始承受腐烂
> 我在屋子里，将熙熙攘攘之辈尽收眼底，口不能言
> 除了不可遏止的衰老，和那些重复播放的旧时光
> 我一事无成，并在衰老中爱上了时光本身
> （东篱：《午后小睡醒来，独坐怀人》）

书写颓废的诗篇犹如"屋子里"的"我"将万物招至窗前挨个打量和修理，并且"该怎么样就怎么样（A flop is a flop）"[1]；诗的本体论特征能将"重复播放的旧时光"，还有处于未来那一头的"新时光"，通过回忆将来转渡为黑点似的现在。这些黑点的现在，这些无肤而裸露的此刻，允许颓废者（即写诗者）在每一个全息、敞开的当下虚度时光，并"一事无成"。有时，连迷人的醇酒妇人及其迷人性都予以放弃，甘于沉默，敢于和现在两相厮守，最终，获得了颓废者一生的大"无成"。仅仅依靠吮吸现在和醉心于现在，居然就能在诗中阅尽时光的春色，耗尽时光的耐心，这样的大"无成"实在难以——并且无以——名之，唯有试探着强名之为"大成"。有人对波德莱尔不吝赞美之辞："波德莱尔创造了一种无需救赎的忧郁之路，在这条路上，灵魂极端痛苦，身体极端偏执，而历程极端艰险，但它却是一条勇者之路。"[2]如果波氏知道世上有如此轻而易举就能到手的"大成"，还从不在乎是否被救赎，其"勇者之路"是否显得过于滑稽？痛苦、偏执、艰险云云，是否全是自找的？因此，"在衰老中爱上了时光本身"在等同于"一事无成"（甚或"大成"）外，还须另有重心：被时光拖拽着老去，让每一个黑点现在都成为镜像或内在之物，原本就是颓废者的目的或心愿，颓废者在衰老中爱上时光，不过是因为时光主动以现在为方式，拖拽着颓废者迈向终点，不需花费颓废者的任何力气。因此，这个重心实在是意味深长：它既表征着处于现在之中的即刻之乐，也表征着颓废者为蔑视赋予的具体内涵。试想一下：还有比不管不顾，不仰仗任何假装的抵偿物或虚拟的解药，一任时光把自己荡往终点更强劲有力的蔑视吗？所谓蔑视，永远都是存乎于当下的目光闪电；当下在时光中转瞬间成为过去，却被具有本体论特性的写诗行为保留在诗篇中，永远鲜活如初[3]。

---

[1] 卡米拉·帕格利亚：《性面具》，前揭，第21页。
[2] 薛雯：《颓废主义文学研究》，上海人民出版社，2012年，第49页。
[3] 关于现代汉诗中颓废的来源，施蛰存回忆说："初期的戴望舒，从翻译英国颓废派诗人道生和法国浪漫派诗人雨果开始，他的创作也有些道生和雨果的味道。"（施蛰存：《〈戴望舒诗全编〉小引》，《戴望舒诗全编》，浙江文艺出版社，1989年，第6页）苏雪林则说："所谓'世纪病'的狂潮激荡全欧之后，人类的精神起了很大的

这一切，都跟形而上的万古愁有关，跟消逝（而不是消失）有关。依形而上的万古愁之本义，消逝只能是时间概念，消失更多地依傍于空间。消逝意味着逝去的东西一去不回返，意味着事物的一次性；消失则意味着人们有可能在另一个被忘记的空间里，再次见到弃他们而去的东西。消逝让人惆怅，让人感受到事物中温婉，但脆弱的那一面，尤其是包裹脆弱、温婉的那层时光轻纱，杨政的咏诵来得很及时："每个昂脸的消逝者都在嘀咕/是否，云端上的我，是自己长不大的儿子？"（杨政：《上海之歌》）当然，古希腊的林努斯早已道尽了消逝的实质："时间存始于万物的瞬刻成长。"[4] 而空间性的消失在令人绝望时，也让人心生找回某个东西的念头和希望。"逝"去的东西，肯定不同于"失"去的东西；"逝"在不少时刻，本来就兼有"失"的意思，它是"失"的升级版："逝"去的东西不仅"失"去了，而且是永远地"失"去了。消逝造就了无数个黑点的现在；或者：消逝的本质就是现在，就是"万物的瞬刻成长"。黑点的现在以共时性为方式，被纳于书写颓废的诗篇，并构成了诗篇自身的时间形式；消逝迫使现在认领了它的裸露特性，裸露特性则强化了共时性的黑点现在，像孝子反哺其双亲。最终，是消逝为书写颓废的诗篇提供了固有的时间形式，现在因此而永垂不朽——

> 现在算来，那个年代属于史前
> 今天，我们都不在乎那时的神和人了
> 没有考古证实，不符合我们现在的认知体系
> 就像我们农历里面还勉强记载的一些物事
> （李亚伟：《远眺埃及》）

卡罗琳·考斯梅尔引述过维希对视觉的精辟观察："与听觉相比，视觉具有直接性，

变化，像素性忧郁的俄国民族受了这种影响，则发生'托斯加'（Toska），英人提隆（Dillow）译为'世界苦'（World sorrow），大都相率趋于厌世一途，以自杀了事。而天性活泼，善于享乐的法国人，则于幻灭绝望之中，还要努力求生。他们常用强烈的刺激如女色、酒精、鸦片以及种种新奇的事情、异乎寻常的感觉……以刺激他们疲倦的神经，聊保生存的意味。"（苏雪林：《苏雪林文集》第三卷，安徽文艺出版社，1996年，第185—186页。）这大体上可以看作新诗中颓废的来源之一，但戴望舒、邵洵美等人接受外来的影响，其根源还在人生苦短带来的人生的无意义本质，否则，就是难以理解之事。

[4] 参阅第欧根尼·拉尔修：《名哲言行录》，马永翔等译，吉林人民出版社，2003年，第5页。

与触觉的感知方式相比，视觉拒绝介入其对象。"[1] 看起来，视觉是这样一种感知方式：既具直接性（直接看见），又不介入对象（不以零距离的方式接触事物的表面）。特伦斯·戈登说得通俗易懂："眼睛的视觉强大，接收刺激的距离很远；相比而言，舌头只能分辨甜、酸、苦、咸，必须与提供刺激的食物直接接触。"[2] 但考斯梅尔和戈登都没有点明：视觉可以从远处吞噬视觉的对象。苏格拉底认为，在人身上的所有器官中，只有"眼睛最是太阳一类的东西……眼睛所具有的能力作为一种射流，乃取自太阳所放出的射流"[3]。正是出于诸如此类的原因，视觉（或目光）拥有了功率强劲的消化系统，以至于能让视觉对象按照视觉本身的要求营养视觉本身，最终，为人的认知行为型塑（to form）了事物的空间形式。事物的空间形式像神话一样，"的确是一个复杂过程的瞬间视觉展开（myth is the instant vision of a complex process）。"[4] 因此，空间形式乃视觉消化视觉对象的结果，目光兼具腐蚀和生育的能力。最终，事物的实体性的空间形式，被"生育"为认知中形式化的空间形式。约翰·伯格说："我们只看见我们注视的东西，注视是一种选择的行为。注视的结果是，将我们看见的事物纳入我们能及——虽然未必伸手可及——的范围内。触摸事物，就是把自己置于与它的关系中。"[5] 与其他状态的目光相比，书写颓废的诗篇更乐于采用仰视和俯视相杂陈的目光，只因为诗篇中的空间形式必须由目光及其施视的角度来型塑（或生育）。如何施视"是一种选择的行为"：有何种形式与性格的施视行为存乎于想象，就有何种情形与样态的空间形式应乎于诗篇。中国古人对此心得独具，对二者的关系早就了如指掌[6]。至于相杂陈的目光中，仰视和俯视各自所占的比例为何，全看诗与写诗遭遇的具体情形。所谓具体情形，就是某首具体的诗作打算如何在强度上回应形而上的万古愁，如何在广度上应对人生的无意义本质。和时间形式的性质完全相同，书写颓废的诗篇中的空间形式也受制于蔑视、及时之乐和即刻之乐——它们的要求和脾性，才是诗篇中时空形式的根本之所在。

中国的颓废者在想象中（即诗和写诗中）仰视的，不是神灵，不是任何一种超自然的力量，甚至不是康德称颂的宇宙星辰，更不是郭小川有意仰望到的那个星空。他只是怀着蔑视俗世勋业的念想、获取及时之乐的目的，下意识地将目光射向上方，并

---

[1] 卡罗琳·考斯梅尔：《味觉》，吴琼等译，中国友谊出版公司，2001年，第28页。

[2] 特伦斯·戈登：《特伦斯·戈登序》，麦克卢汉：《理解媒介》，何道宽译，译林出版社，2011年，第8页。

[3] 柏拉图：《理想国》，郭斌和等译，商务印书馆，1995年，第266页。

[4] 麦克卢汉：《理解媒介》，何道宽译，译林出版社，2011年，第39页。

[5] 约翰·伯格：《观看之道》，戴行钺译，广西师范大学出版社，2005年，第2页。

[6] 比如中国绘画中著名的"三远"说（参阅郭熙：《林泉高致·山水训》）。

不刻意于、斤斤于某个具体的星座——他可以"西北望",却没有"射天狼"的任何念头。诗篇中由仰视型塑的那部分空间形式,与一切神圣、夸张的东西没啥关系。即使是现代西方,也早已"由宗教构成的世界过渡到了另一个只参照人性和尘世价值观组织起来的世界"[7],又何况在观念上原本只有此岸世界的中国。寄身此岸的颓废者,不允许关于颓废的诗篇信任神灵,推崇居住在天上的超自然力量。他的诗篇有可能尊重康德的宇宙星辰,却不屑于郭小川仰视的星空,但似乎更应该说成不屑于《望星空》中的空间形式。郭小川在这首诗中想要做的,是挟星空以效忠于尘世间的某个政治团体、某种政治力量;是将实体的星空,康德敬畏的星空,古人视为遥不可及的星空,征为纸面上比喻性的随从、保镖或仆人——"比喻是兴的发想的堕落形式"[8],亦即胡乱地"看出一个名堂,并说出一个意义"(human beings make sense of the world by telling stories about it)[9]。那首诗想要干的,正是"通过文字劫持了价值观"一类勾当[10],却又未曾"因为表达唐突而失去效果"[11]。《望星空》中的空间形式因星空与地面相混合,因地面得到了星空的有意强化或增援,显得浮夸而空洞,宏大而荒诞不经,却与夸张的事功、虚妄的社会理想以及乌托邦主义恰相匹配。这些奇奇怪怪的货色,确实急需要某种正经到荒唐的空间形式以粉饰自身,并以时过境迁后获取的滑稽感,顶替被制作时的庄严与崇高,只因为"一件从前发生的事情,之所以能让后人以调笑或幽默的言辞加以诉说,仅仅是因为它太过荒唐。并且越是以悲壮、悲惨或神圣、庄严的面孔呈现出来的事情,越是如此"[12]。受制于自己的本有目的,郭小川的施视行为依其所愿("注视是一种选择的行为"),成功地型塑了作品中的空间形式,但这刚好是对星空和仰视的双重冒犯,还额外殃及了本该无辜的诗篇。与此相反,颓废者像"悠然见南山"的隐士,无意间以仰视的目光向上望去,他看见:

> 海淀区的上空,天堂是无人值班的信息台
> 云抬着它们的祖母在暴雨中轰隆隆向朝鲜方向走去
> 一丝绿意才呻吟着从上个世纪的老棉被里轻轻滑进街沿的服装店
> 变成了无人注意的中关村的初春,我真不知道这点春光是什么卵意思!
> (李亚伟:《新世纪的游子》)

---

[7] 托多诺夫:《走向绝对》,朱静译,华东师范大学出版社,2014年,第218页。
[8] 白川静:《中国古代民俗》,何乃英译,陕西人民美术出版社,1988年,第46页。
[9] Jerome S Bruner, The Culture of Education , Harvard University Press, 1996, p. 129.
[10] 艾瑞克·霍布斯鲍姆:《断裂的年代》,林华译,中信出版社,2014年,第126页。
[11] 毛姆:《总结》,孙戈译,译林出版社,2012年,第22页。
[12] 敬文东:《颓废主义者的春天》,台湾秀威书局,2009年,第51页。

这简直是与《望星空》势不两立、"弗与共戴天"[1]的诗篇。在李亚伟笔下,天空虽然没有意义,却刚好装下一个万古愁,并给万古愁赋予了没有边际的宇宙背景,宏阔、博大、虚远和浩淼;天空虽然无法抵消生命的无意义本质,却在被仰视中,在一个瞬间性的黑点现在,焕发出无尽的趣味,刚好被内心丰沛的颓废者——比如李亚伟——一眼洞穿,既让作诗者体会到即刻之乐与及时之乐,又趁机组成了诗篇中妙到毫巅的空间形式。爱德华·索亚说得好:"各种构想的空间虽然也能激发人的热情,但它们的重点是心灵而不是肉身。"[2]不用说,这的确是重点作用于心灵,又从未忘记肉体的空间形式,对应和呼应于诗与写诗的精神性与肉体性。这是呈扁平态势,在高空游走,却一路倾斜着,像筛网一般被撒向地面的空间形式,和仰视的目光正好碰个正着;这是一种傻里傻气,却又虎头虎脑的空间形式。它不严肃、不庄严、不崇高、不卜人、不随从,不劫持任何夸夸其谈的价值观。但它生动、急躁、冒失和多血质,向往着人间的好风水和好山水,却不准备效忠于尘世的任何东西;它在满足颓废者对"乐"的渴望时,再次见证了生命的无意义本质,正所谓"我真不知道这点春光是什么卵意思"!奇怪的是,它是在再次见证了人生的无意义本质时,才在一个裸露的现在,挥手打发了形而上的万古愁,试图作用于(而非效忠于)这种万古愁认领的虚空特性——"中关村的初春"虽然无人注意,最起码让人感到温暖,比如生性敏感的颓废者。

中国的颓废者在想象中(即诗和写诗中)俯视的,不是芸芸众生,也不是大地万物。他俯视到的不是渺小,甚至不是有关渺小的观念(亦即柏拉图念想中的渺小自身),也从不为渺小而俯视。苏格拉底不无夸张地认为,对语言的仇恨,乃诸恶中最糟糕之恶[3];布罗茨基则说:"一位作家的传记,是他的语言的转折。"[4]苏格拉底想必心知肚明:对语言的仇恨,有时是以热爱语言、宠幸语言的方式而出现——那也是一种"语言的转折"。"潜"心操持和放牧语言的诗人,完全可能是"潜"在的语言仇恨者,倾心于"潜"在的"最糟糕之恶"。但中国的颓废者普遍患有语言洁癖,不会像郭小川在《致大海》中做的那样,想象自己叉腰站在海边,俯视海平面之下翻滚的海水,以夸张的抒情,复兼众多叹词联合起来生成的能量,征不竭的海洋之力以荡涤自己的"书生病",好让"我"能够化作建设社会主义的砖石泥瓦,那些卑微却得到大海增援的砖石泥瓦。郭氏甚至在另一首诗中写道:"不驯的长江/将因你们的奋斗/而绝对服从/国务院的命令……"(郭小川:《投入火热的斗争》)只是将《致大海》中的"我",换作了值得期许的、作为社会主义建设新一辈的"你们";处于视线之下被俯视的大海作为诗篇中的空间形式,正好和《望星空》中作为空间形式的星空相对称,直到完

---

[1]《礼记·曲礼上》。
[2] 爱德华·索亚:《第三空间》,陆扬等译,上海教育出版社,2005,第37页。
[3] 参阅《柏拉图对话录》,王太庆译,商务印书馆,2004年,第251页。
[4] 布罗茨基:《小于一》,黄灿然译,浙江文艺出版社,2014年,第1页。

全相重合。在郭小川的念想中，俯视不过是仰视的另一种表达方式，仰视则是另一种俯视；诗情出没于星空或出没于大海时，两者的差别为零，或无限接近于零[5]。颓废者的俯视乃是让自己一分为二（至少是一分为二），其中的一半，处在高于自己另一半的地方；上面的一半在俯瞰下面那一半的所作所为。那是一种监督性（而非征用性）的力量：不是监督自己的放纵，而是监督自己在放纵方面可能出现的松懈。因为左手醇酒右手妇人，顶好还有专心致志地吸吮现在，才是颓废者念想中的至高境界，才是真正的蔑视，才能与人生的无意义本质共存亡，直至做到朱熹所谓的"安于死而无愧"[6]：

  我飞得更高，俯临了亚洲的夜空，我心高气傲！
  人间在渤海湾蒸腾，众多的生命细节形同狂想
  我在晴朗的人生里周游巡回，在思念里升起，触到了火星的电波
  我发烧的头脑如同矿石，撞击着星空中的行星环
  穿过夜生活发狂地思念着消逝的大西洲女人
  （李亚伟：《我飞得更高》）

  从视觉为认知型塑（to form）形式化空间形式的角度来观察，"我飞得更高"的意思更有可能是：在任何时刻，"我"都比"触到了火星的电波"的那个"我"，以及"撞击着星空中的行星环"的那个"我"，都飞得更高。就像追者和被追者同时加快或减缓了步伐，被追者与追者间的距离始终没有减少：一半欲高，一半则更高。这是一种性状奇异的空间形式，发生在我和我之间，是我对我采取监控导致的诗性空间。我与我之间忽高忽低、忽近忽远的张力感，使空间形式处于一刻不停的动荡之中，或膨胀，或有限度地收缩后迅速张开，就像放大到无限的胃，但尤其是胃的收缩与扩张。在这个变动不居的空间形式中，被鼓励、被表彰的，或被盛纳而当作目的的，是醇酒

---

[5] 郭小川笔下的空间显然是一种被规训的空间，而这涉及空间转换价值："所谓空间转换价值，是指一个空间形象中的自我与另一个空间形象中的自我间的价值差异。自我以及自我价值的指标之一是空间形象；不同自我之间的价值差异要体现在——或至少要体现在——不同空间形象的意识形态差异上，也要体现在人对不同意识形态的动作反应的差异上。但差异的计算方式，不仅仅是简单的四则运算。空间转换价值的计算方式，需要动用各种指标（比如面对空间形象的情感等）集结而成的综合体。"（敬文东：《从铁屋子到天安门》，《上海文学》2008年第8期）让空间转换价值为零或接近于零，则是对空间进行规训的理想结果（参阅敬文东：《太过坚强的空间和过于脆弱的意志——关于20世纪后半叶，中国文学空间主题的札记》，祝勇主编：《阅读》，中国社会科学出版社，2004年，第167-180页）。

[6] 朱熹：《朱子语类》第三十九。

（"夜生活"）与妇人（"大西洲女人"）。不用说，我对我的监控产生了实效：在我的鹰眼独照下，在我俯视性的目光形成的空间形式中，我没有忘记万古愁和人生的无意义本质，没有忘怀需要用于挥霍的空白岁月。遣有生之涯的事情或事体，不是在"晴朗的人生里周游巡回"，也不是在"思念里升起"。这等低级之事，是我在飞行中故意逗另一个我玩，是为了给诗篇构造恰切的空间形式，以盛纳正主儿。真正能遣有生之涯的，是夜生活与大西洲女人，它们正在我对我的监控中被我享用。李亚伟用俯视的目光为诗篇型塑的空间形式，和海子在"大诗"中构建的天空和太阳完全不同。前者是享乐型的，既为了享乐，也承载了享乐，肉体精神相杂陈；后者则是神性的，渴求着虚妄的拯救，盛放其间的，是摇摇欲坠的超验性意义，精神脱离了肉体而存在。有众多证据可以表明，海子至少在诗和写诗中是讨厌肉体的[1]。而对于书写颓废的诗篇，更普遍的空间形式来自俯视和仰视的两相杂陈（上述两例只为说明仰视和俯视的具体情形而设立）：

　　……某个星君
　　会在后半夜从上往下打探，
　　看见拥挤的房事，涟漪颤动的水缸，
　　和连夜长起的草木，瞬目间
　　就盖过了屋顶：这是连神仙也看不尽的人间。
　　（宋炜：《土主纪事》）

"某个星君"从天上看往人间，充当我在高处的那一半，监视着围绕房事组建起来的人间之事，亦即我的另一半（低处之我）必须做的事。就在那个星君往下打探的当口，隐藏在低处的匿名之"我"却在隐蔽之中向上仰视，在猝不及防之时，与俯视的目光接上了头。奇怪的事，在彼此的互不知情中，却知道了接头的事情。乔吉奥·阿甘本认为：在某些特殊的时刻，"看的眼睛变成了被看的眼睛，并且视觉变成了一种自己看见看见"[2]——亦即自己看见自己正在看见这种行为或者状态。星君的看和匿名之我的看，被宋炜巧妙地处理成互为"看的眼睛"和"被看的眼睛"。正是这种被暗藏起来却可以被窥破的关系，让这几行看似平常的诗句，顷刻间，拥有了近乎伟大的力量。这两种目光——亦即互为"看的眼睛"和"被看的眼睛"——在诗篇中构筑的空间形式，正是有天空注视的人间，是混合了少许天空的人间，也是"连神仙也看不尽的人间"，但它终归是颓废者理想中那个专属于我的人间。

马泰·卡林内斯库就进步神话和颓废之间的关系，有过上好但悲观的言辞："进

---

[1] 参阅敬文东：《指引与注视》，中国文史出版社，2001年，第122-126页。
[2] 乔吉奥·阿甘本：《潜能》，王立秋等译，漓江出版社，2014年，第92页。

步的事实没有被否认，但越来越多的人怀着一种痛苦的失落和异化感来经验进步的后果。再一次地，进步即颓废，颓废即进步。"[3] 中国的颓废者这一回能部分性地认同卡氏的观点：一个毫无意义的世界，一个"到处都在繁荣，连荒芜也保不住了"的国度（蒋浩：《十一月三十日与敬文东别后作》），因不断追求进步而扩大了颓废的振幅，这正是"连神仙也看不尽的人间"的另一个名称，另一种人间称谓，却必须遗弃卡氏给出的修饰词："痛苦的失落和异化感。"中国的颓废者认为：进步的要义之一，是争取让实体的空间形式，向诗中那个"连神仙也看不尽的人间"不断靠近、无限靠近。那个人间的本质是乐，是"心里头满是喜乐"的那种纯乐（宋炜：《土主纪事》）；一种饱满的乐，一种暗中起意的跃跃欲试之乐。这是书写颓废的诗篇在仰视与俯视按特定比例相杂糅时，制造出的最佳空间形式，也是最理想的空间形式。看啦！空间形式的无边性（"看不尽"），带来了乐的无边性，正合慧能之言："随所住处恒安乐。"[4] 这种乐不能被认作快感，更不能下替为快感。杰姆逊的观点可谓善解人意：快感不能被"认作一种目标"，否则，纯粹的快感追求者"最终已根本不再是享乐主义者，而是主体的放荡和疯狂。"[5] 这是对"乐"的侮辱。

仰视不是憧憬和敬仰，俯视也不是唾弃和不屑，它们相杂陈的结果，才是颓废者仰赖的蔑视。但此时的蔑视，是更为柔和的目光闪电，是被乐浸润的无影刀，拥有宽容和悲悯的能力，也更有力量。它既是无意义本质的镜像，也暗中软化了人生的无意义本质，让它成为可以被接受、被享用的什物。犹如有了病愈的念想，正被喝着的汤药一点都说不上苦，正在被注射的肌肤一点都不觉得疼；或者：生命没有意义，但某些特殊的事情对生命本身具有意义，比如颓废，比如诗与写诗。而这种空间形式与黑点的现在两相勾连，形成了书写颓废的诗篇特有的时空构架。这种时空构架意味着：诗与书写颓废的诗篇带来的，不仅是即刻之乐，还是共时性的乐和随身之乐。颓废之诗不会因为人生的无意义本质而悲观，而厌世，而萎靡，因为颓废对无意义的生命本身具有意义。它的目标是快乐。它是笑着的诗篇。

---

[3] 马泰·卡林内斯库：《现代性的五副面孔》，前揭，第167页。
[4] 《坛经·疑问品第三》。
[5] 杰姆逊：《快感：文化与政治》，王逢振等译，中国社会科学出版社，1998年，第136页。

图书在版编目（CIP）数据

汉诗·雀尕飞 / 张执浩执行主编. -- 武汉：长江文艺
出版社，2017.11
　ISBN 978-7-5702-0069-6

Ⅰ. ①汉… Ⅱ. ①张… Ⅲ. ①诗集－中国－当代
Ⅳ. ①I227

中国版本图书馆CIP数据核字（2017）第290358号

责任编辑：沉　河　谈　骁	责任校对：陈　琪
封面设计：祁泽娟	责任印制：邱　莉　王光兴

出版：长江出版传媒　长江文艺出版社
地址：武汉市雄楚大街268号　　邮编：430070
发行：长江文艺出版社
电话：027—87679360
http://www.cjlap.com
印刷：武汉新鸿业印务有限公司

开本：720毫米×1020毫米	1/16	印张：21.75
版次：2017年11月第1版		2017年11月第1次印刷
行数：8300行		

定价：36.00元

版权所有，盗版必究（举报电话：027—87679308　87679310）
（图书出现印装问题，本社负责调换）